교회
집단상담

교회 집단상담

조이현 지음

성서심리학자와 함께 떠나는 소그룹 치유 여행

맑은샘

&   험악한 세월

야곱은 자신의 인생을 돌아보며 **'험악한 세월'**을 보냈다고 회고하고 있다(창47:9). 하나밖에 없는 형의 살해 위협, 엄마와의 생이별, 이별 가운데 엄마의 사망, 사기 결혼, 장인의 임금 착취, 가장 사랑하는 아내(라헬) 사망, 장남(르우벤)의 패륜, 딸(디나)의 강간 피해, 두 아들(시므온과 레위)의 집단 살육, 두 손자(엘과 오난)와 며느리(수아)의 사망, 가장 사랑하는 아들(요셉)의 사망. 설교만으로는 배울 수 없는, 광야 생활을 해야만 배울 수 있는 것이 있다.

험악한 세월만으로 사람이 바뀔까? 가정법원, 국가트라우마센터, 보호관찰소, 정신과병원, 개인연구소 등에서 수많은 이들을 마주하며 고단한 삶의 역사를 들었다. 고난 덕분에 하나님을 만난 이들이 많다. 고난 덕분에 탕자처럼 하나님을 다시 찾은 이들도 많다. 나는 '고난의 신학'을 소중히 여김에도, '고진감래(苦盡甘來—고생 끝에 즐거움이 온다)'라는 말을 그다지 신뢰하지 않는다. 고초를 겪은 후 성격에 문제가 생기고 관계에 문제가 생기는 경우가 허다하다.

고단한 광야 생활 가운데 원망하다 전염병으로 14,700명이 사망한 이야기가 민수기에 있다(민16:41,49). 고단한 광야 생활 가운데 원망하다 많은 이들이 뱀에게 물려 사망한 이야기가 민수기에 있다(민21:5,6). 광야 생활에서 대다수의 사망 이유는 전쟁이 아닌 '원망'이었다.

&   갈등

인생이란 바다에서 갈등이란 파도는 당연하다. 하나님은 시끄러운 삶 가운데 성장을 이루어 가신다. 가정이, 직장이, 학교가 시끄러운 것은 이상한 것이 아니다. 야곱, 요셉, 모세, 다윗, 다니엘, 에스더 등 수많은 인물의 삶 가운데 갈등이 없었다면 그들의 운명은 어떻게 되었을까? 갈등이 있었기에 잠재력이 폭발할 수 있었다. 다양한 갈등을 다루는 과정에서 믿음은 성장하게 된다.

불경(佛經)은 잔잔한 호수와 같다. 이에 비해 성경(聖經)은 시끄러운 바다와 같다. 창세기는 그 어느 책보다 시끄러운 인생사로 이루어진 책이다. 아담, 아브라함, 이삭, 야곱 모두 하나님의 음성을 직접 들었던 믿음의 조상들이다. 그런데도 가정에서 극한 갈등들이 있었으며 갈등은 단순한 언쟁 수준을 넘어선다.

가인은 아벨을 죽이고 탕자처럼 아버지를 떠나 멀리 가출한다.

아담과 하와는 하루아침에 두 아들을 잃는 고통을 겪는다. 이복형인 이스마엘은 동생 이삭을 학대하다, 어머니 하갈과 함께 아버지 집에서 쫓겨나는 큰 고통을 겪는다. 쫓겨나는 이스마엘이나 내보내는 아브라함 모두 상처의 크기는 말할 수 없이 컸다. 에서는 친동생인 야곱을 죽일 생각을 할 정도로 형제간 갈등이 컸다. 죽음에 대한 공포로 인해 야곱은 집을 떠나게 된다. 리브가는 자녀들 갈등으로 인해 사랑하는 아들과 생이별을 하게 되었다. 요셉의 형들은 이복동생인 요셉을 죽일 생각을 한다. 결국 살인 미수로 그쳤으나 요셉은 형님들에 의해 종으로 팔리는 인신매매라는 끔찍한 외상(충격)을 겪게 된다.

예수님은 세상에 검(스트롱코드 3162, '다툼', '싸움'에서 파생)을 주러 왔다(마10:34)고 하시며, 다른 한 편으로 화평케 하는 자(peacemaker)가 되라고 하신다(마5:9). 우리가 귀한 진리를 알아도 갈등이 생기는 것은 결코 이상한 일이 아니다. 예수님의 공생애는 끊임없는 갈등의 지속이었다.

    & **건강한 상식**

교회는 험악한 세월 동안 수많은 갈등으로 애통함을 겪은 이들이 올 가능성이 높다(마9:12). 교회는 영혼을 치료하는 병원이며, 예수님은 '의사'(막2:17)이시며 '훌륭한 상담자'(사9:6)이시다. 훌륭한 병원일수록 환자의 문제에 따라 다양한 처치를 한다. 안타깝게도 현재의 교회는 약국만 있고 수술실은 부족하다. 병세에 따라 진통제(공감과 지지)로 온전해지는 경우도 있으나, 근본적인 문제를 치유하기 위해서는 골수를 쪼개는 수술(피드백)이 필요하다(히 4:12). 교회 집단상담은 수술실이 되어야 한다.

교회 집단상담의 목표는 나의 분노에 대한 집단원들의 피드백을 통해, 정당한 분노감은 정화의 경험을 갖고, 부적절한 분노감은 다르게 보는 경험을 갖는 것이다. 분노에 대한 분별력이 생기면 분노에 대한 유능감이 생긴다. 분노에 대한 유능감은 분노감을 적절하게 처리하지 못할 때 오는 억울함, 굴욕감, 자책감 등을 현저하게 낮춘다. 마음속에서 끊임없이 일어나는 다양한 분노에 대한 확신(분별력)이 진정한 자신감이다.

교회 집단상담을 통해 건강한 상식이 풍성해지고, 분노에 대한 유능감이 향상되는 장이 되길 소망한다.

차례

2부 야곱의 인생

1부

항해 준비

1.
마음의 이해

기독교는 마음의 변화를 위한 종교이다. 인간을 창조하신 하나님은 인간의 마음도 창조하셨다. 의사는 전문적으로 치료하는 의술을 배우기 전에, 해부학과 생리학에 수많은 시간을 투자한다. 죄로 손상된 마음을 치유하기 위해서는 먼저 마음의 구조를 이해하는 것이 중요하다. 마음의 구조를 이해하지 못하다 보니, 고심해야 할 부분과 그냥 넘어가야 할 부분을 구별하지 못해 많은 시간을 낭비하는 경우가 허다하다. 심지어는 잘못된 마음의 변화를 위한 헛된 수고에 평생을 바치기도 한다.

1강. 마음의 구조

　나는 신학, 심리학을 전공한 후 불교학을 전공했다. 불교철학을 배우며 초기불교 수행을 경험했다. 불교학을 전공하면서 부러웠던 점은 오랜 세월에 걸쳐 체계적으로 정리된 불교의 마음 이론이었다. 그러나 아쉬웠던 점은 불교의 마음 훈련이 겉으로는 매력적으로 보이지만, 실제로는 그 수행이 막연하고 어려웠다는 것이었다(고려대 석좌교수인 조벽 교수는 '박사도 포기한 명상'이라고 표현했다).

　마태복음 13장 예수님의 '밭에 씨 뿌리는 비유'는 보이지 않는 마음을 쉽게 이해할 수 있게 해주는 실물 교훈이다. 밭은 매일의 삶 속에서 접하는 장소로 매일 묵상하고 되새길 수 있는 최적의 비유이다. 무엇보다 밭을 통한 마음 구조 이해는 쉽다는 것이다. 밭의 비유는 어린아이도 마음 구조를 이해할 수 있을 정도로 쉽다. 밭에서 작물이 성장하며 열매 맺는 과정과 인간이 변화하는 과정은 같다. 그래서 많은 지혜자들은 깊은 지혜를 얻기 위해 천연계를 관찰한다.

성경에는 나무를 인간으로, 예수님으로 표현한다. '나는 참포도나무요'(요15:1), '그들이 의의 나무 곧 여호와께서 심으신 그 영광을 나타낼 자라'(사6:13), '모든 육체는 풀이요'(사40:6), '그는 주 앞에서 자라나기를 연한 순 같고 마른 땅에 나온 뿌리 같아서'(사53:2), '왕이여 이 나무는 곧 왕이시라'(단4:22), '하루는 나무들이 나가서 기름을 부어 자신들 위에 왕으로 삼으려 하여 감나무에게 이르되~~ 나무들이 또 무화과나무에게 이르되~~ 나무들이 또 포도나무에게 이르되~~ 이에 모든 나무가 가시나무(악한 왕 기드온의 아들 아비멜렉 – 이복형제 70명 살해 후 왕이 됨)에게 이르되(삿9:8~14).

밭에서 좋은 열매를 얻기 위한 과정에는 수많은 요인들이 영향을 미친다. 잡초, 쟁기질(기경 – 땅을 부드럽게 하는 과정), 적절한 비, 적절한 햇볕, 가시덤불, 좋은 씨앗, 돌밭, 기름진 밭, 모래밭, 황토밭, 접붙임, 가지치기, 꽃, 향기, 추수, 농부, 새, 원수, 가라지 등. 이 모든 요소는 마음을 다루는 데 많은 힌트를 주는 것이다. 이러한 부분을 항상 묵상하면 마음 변화에 대한 이해가 명확해진다. 이러한 부분을 항상 묵상하면 구원에 대한 혼란스러운 가르침들을 분별하는 데 상당한 도움이 될 것이다. 성서심리학자 관점에서 마음의 구조를 정리해 보았다.

    원하는 과실을 얻기 위해서는 일의 순서가 중요하다. 급하다고 준비 없이 씨를 뿌리면 씨가 제대로 자랄 수가 없다. 씨를 뿌리기 전 밭에 할 일이 있다. 먼저 단단해진 밭을 기경해서 부드럽게 깨야 한다(호10:12). 마찬가지로 우리의 마음 밭도 기경이 필요하다. 무엇보다 죄인임을 깨달아야 한다. 내가 죄인임을 인정하는 것이 변화의 시작이다. 인류가 죄를 지은 후 처음 느낀 감정이 수치심과 죄책감이다. 죄책감과 수치심은 재창조(재건축)를 위해 딱딱해진 마음 밭을 갈아엎는 데 중대한 역할을 한다.

    하나님께 나아오고 죄인임을 인정하는 것이 변화의 시작이다. 아버지께 나아가 내가 죄인임을 입으로 고백하는 것은 매우 중요하다(눅15:21). 탕자의 경험이 마음 밭을 기경하는 경험이다. 말씀을 통해 역사하시는 성령께서 죄에 대하여, 의에 대하여 책망하실 때 슬퍼함이 마음 밭을 기경하는 경험이다(요16:8). 수치심을 느끼면 만남을 회피하게 된다(창3:8, 창4:14). 죄책감을 느끼면 고통을 덜기 위해 책임을 떠넘긴다(창3:12). 회피와 핑계는 죄책감의 중요한 역할을 제한시킨다. 탕자처럼 **뻔뻔**하게 아버지께 나아가야 한다. 세리처럼 죄를 인정하고 가슴을 쳐야 한다.

토양은 그 성분과 형성 과정에 따라 다양한 종류로 분류될 수 있다. 일반적으로 널리 알려진 세 가지 주요 토양 유형은 다음과 같다.

- 사토(Sandy Soil) : 사질 토양은 주로 모래 입자로 구성되어 있어 입자가 크고 공극이 많다. 이로 인해 물의 침투와 배수가 매우 잘되며, 공기 순환도 좋다. 그러나, 영양분을 잘 보유하지 못하고 물이 빠르게 흘러내리기 때문에 건조해질 수 있다.

- 점토(Clay Soil) : 점질 토양은 매우 작은 입자들로 이루어져 있으며, 이 입자들이 밀접하게 붙어 있어 물의 침투와 배수가 어렵다. 점토는 물을 잘 보유하고 영양분이 풍부하지만, 물 빠짐이 나쁘기 때문에 과습 상태가 될 수 있다. 또한 경작할 때 토양이 단단해질 수 있다.

- 양토(Loam Soil) : 양토(기름진땅)는 사질토, 점토의 장점을 골고루 갖춘 이상적인 토양이다. 이 토양은 충분한 배수성과 함께 좋은 영양분 보유 능력을 가지고 있어 많은 식물을 재배하기에 적합하다. 양토는 부드럽고, 촉촉하며, 쉽게 경작할 수 있다. 양토 토양은 일반적으로 가장 비옥하고 재배에

적합한 토양 유형이다.

토양은 타고난 환경이다. 부모님의 직업, 부모님의 사회경제적 지위, 타고난 건강 상태 등이 해당될 수 있다. 인생의 출발지가 상당히 안정적인 사람이 있는가 하면, 어떤 인생은 출발지 자체가 열악한 사람도 있다.

씨를 뿌리기 전에 내 토양의 특성(기질)을 잘 알아야 한다. 내 토양의 특성(기질)을 잘 알아야 무슨 씨를 뿌려야 할지 선택할 수 있다. 작물보다 땅의 특성을 먼저 고려해야 한다. 내 토양의 특성(기질)을 알고 작물을 선택해야 한다.

상담 현장에서 개인의 특성을 알기 위해 자주 활용하는 검사가 TCI 기질 검사이다. **TCI 기질검사**는 임상 경험상 신뢰도와 현장 타당도가 높은 검사이다(미국 워싱턴대 로버트 클로닝거박사가 개발함). 보통 성격검사는 행동 관찰을 기초하였다면, TCI 기질검사는 가계 연구, 쌍생아–유전연구, 12년의 걸친 종단연구, 신경생물학연구, 신경해부학 등을 바탕으로 4가지 기질 척도와 3가지 성격 요인을 찾아냈다. 기질에는 **활동성(자극 추구)**, **조심성(위험회피)**, **감수성(사회적 민감성)**, **지속성(인내력)** 등 4가지 축으로 구성되어 있다.

① **활동성**(Novelty Seeking)이 높으면 궁금한 것을 알아보는 것에

관심이 많다. 도전적이고 실패에 대한 두려움이 적고 활동적이고 에너지가 넘친다. 활동성이 낮으면 신중하고 변화를 꺼리고 융통성이 부족하고 경직되고 일관된 행동을 보이고 충성스럽다.

② **조심성**(Harm Avoidance)이 높으면 자신감이 부족하고 안전하고 확실한 것을 선호한다. 실패, 위험, 문제 등에 대한 걱정이 많다. 새로운 환경, 새로운 일, 새로운 사람을 만날 때 긴장하고 불안해한다. 모든 것을 미리 준비하고 대비한다. 새로운 것보다는 익숙한 것을 선호하고 변화를 꺼린다. 비판이나 거부에 민감하게 반응하고 다른 사람들의 평가에 크게 영향을 받는다. 감정 표현이 서툴고 내향적이다.

야곱은 조심성이 높다(창27:12,창32:7,11,창34:30). 어떤 염려는 사망으로 이끌고, 어떤 염려는 생명으로 이끈다(고후7:10). 우리의 신앙이 건강한 방향으로 가게 되면, 조심성이 높은 사람들의 염려 수준이 달라진다. 불필요한 염려는 줄어들고 의미 있고 생산적인 염려가 증가한다.

조심성이 낮으면 낙관적이고 활력이 넘치고 웬만해서는 위축되지 않는다. 걱정이 없고 위험한 상황에서도 침착하다. 조심성이 부족해 무모한 도전으로 인해 위험한 상황이 발생 될 수 있다. 에서는 기질 중 조심성(위험회피)이 낮다(창28:9).

③ **감수성**(Reward Dependence)이 높으면 사회적 접촉을 좋아한다. 그러나 자신의 감정과 생각을 표현하는 데 소극적이어서 자기 주장성은 떨어져 사회생활에서 손해를 보기 쉽다. 타인의 표정, 목소리, 몸짓 등을 통해 타인의 감정을 잘 파악해, 타인의 감정을 함께 느끼는 공감이 강해 사회봉사에 적극적이다. 분위기에 민감해 어색하거나 불편한 분위기를 잘 느껴 갈등을 피하려고 노력한다. 예술적인 감각, 섬세함, 민감성 등이 높으며 사회적 압박, 비판, 불안, 우울 등에는 취약하다.

감수성이 낮으면 주변 사람들의 평가나 인정에 크게 영향을 받지 않아 외로움으로 인한 스트레스가 적다. 감수성이 낮아도 타인의 감정을 추론하는 인지능력이 뛰어나거나 공감의 중요성을 인식하고 노력하는 경우 공감 능력은 향상된다.

④ **인내력**(Persistence ; **지속력, 의지력**)이 높으면 한 번 설정한 목표에 대해 끈기 있고 지속적으로 노력한다. 어려움과 도전에도 쉽게 포기하지 않으며, 결국 목표를 이루는 데 성공할 가능성이 높다. 인내력이 높으면 고집이 세고 유연성이 부족할 수 있다. 스트레스나 압박 속에서도 잘 버티고 자기 통제력이 강하다.

인내력이 중간이면 필요에 따라 유연하게 행동할 수 있다. 필요할 때 목표를 위해 노력을 기울이지만, 상황에 따라 다른 옵션을 고려할 준비가 되어 있다. 끈기와 유연성 사이에서 균형을 유지하려 노력한다. 목표를 향한 집중과 동시에 개인적인 복지나 다른 기회에도 주의를 기울인다.

인내력이 낮으면 종종 충동적인 결정을 내릴 수 있다. 단기적인 만족을 선호하며, 장기적인 목표를 위해 필요한 끈기를 발휘하기 어려워할 수 있다. 도전이나 어려움에 직면했을 때 쉽게 좌절감을 느끼고 포기할 수 있다. 학습, 직업, 인간관계 등 여러 분야에서 성공을 제한할 수 있다.

& 씨뿌리기

밭에 농작물을 맞추지 농작물(씨)에 밭을 맞출 수 없다. 우리의 진로(직업)는 내가 원하는 것을 추구하는 것이 아니다. 먼저 내 밭을 알고 그 밭에 맞는 진로를 달라고 기도해야 한다. 내가 원하는 사람보다 나의 밭에 맞는 배우자를 달라고 구해야 한다. 내가 원하는 직장보다 나의 밭에 맞는 직장을 달라고 구해야 한다. 내가 원하는 환경보다 나의 밭에 맞는 환경을 달라고 구해야 한다.

하나님께서 준비하신 배우자, 직업, 거주지를 구해야 한다. 이러한 삶이 어린양이 어디로 인도하든지 따라가는 삶이다(계14:4).

'뜻이 있는 곳에 길이 있다', '하고 싶은 일을 해라', '가슴 뛰는 일을 해라' 등의 글들은 멋져 보이나 위험하다. 내 뜻과 내 욕구는 검증받아야 한다. 진짜 내 것은 의외로 내 뜻대로 안 될 때 더 가까워진다. 하늘이 계획한 직업은 가까이에 있는 작은 일에 집중할 때 더 분명해진다(눅16:10).

'이 사람아 네가 누구이기에 감히 하나님께 반문하느냐 지음을 받은 물건이 지은 자에게 **어찌 나를 이같이 만들었느냐** 말하겠느냐 토기장이가 진흙 한 덩이로 하나는 귀히 쓸 그릇을, 하나는 천히 쓸 그릇을 만들 권한이 없느냐'(롬9:20,21).

&   **접붙임**

접붙임을 해야 탐스러운 큰 열매를 맺는 것이 자연법칙이다. 우리는 접붙임을 통해 진정한 변화가 이루어진다(롬11:17). 접붙임을 위해서는 자신의 일부를 잘라내야 하는 아픔이 있다. 접붙임은 모델링을 의미한다. 접붙임은 발자취를 따라가는 것이다. 접붙임은 예수님을 따라가는 삶을 의미한다. 접붙임은 예수님을 닮은 믿음의 선배를 의미한다. 접붙임은 신뢰로운 피드백을 의미한다. 외부의 신뢰로운 피드백을 통해서 돌감람나무에서 참감람나무로 변화된다. 피드백은 '멘토＝수퍼바이저＝코치＝지도교수＝트레이너＝목자＝선배＝사수' 등 다양한 모양과 이름으로 불리나 역할은 같다.

의사면허증을 취득한 후 전문의가 되기 위해서, 선배로부터, 교수로부터 끊임없이 피드백을 받는다. 피드백에는 칭찬보다는 질책이 많다. 질책을 견디지 못하면 전문의가 될 수 없다. 안타깝게도 현시대는 '피드백＝질책＝수치심＝무안함'을 견디는 힘이 심히 약해졌다. 여기에는 수치심에 대한 이해 부족, 오해가 있다. 이런 면에서 교육학자, 심리학자, 신학자의 책임이 크다. 예수님은 수치심을 기꺼이 마주하라 말씀하신다. '나는 너희에게 이르노니 악한 자를 대적하지 말라 누구든지 네 오른편 뺨을 치거든 왼편도 돌려 대며'(마5:39).

질책(수치심)을 견디는 힘이, 회복탄력성이고, 정신력이고, 멘탈이다. 교회는 세상 기준을 넘는 사람 변화를 설교하면서도, 피드백시스템 체계는 세상과 비교할 수 없을 만큼 허술하다. 피드백 시스템이 갖추어져야, 주저하지 않고 안전하게 피드백을 할 수 있다. 피드백 시스템이 갖추어져야 선배들의 코치에 쉽게 상처받지 않는다. 안타깝게도 교회 현실은 피드백시스템이 허술하다. 피드백(수치심) 체계가 없다 보니, 그 많은 세월 신앙을 해도 변화는 미미하고, 심지어는 퇴행한다.

질책은 과학적, 합리적, 성경적 근거가 있어야 한다. 부적절한 질책, 비합리적 질책, 비상식적 질책으로 인한 수치심은 성품을 퇴행시킨다.

신앙 초기 경험은 평생 신앙에 지대한 영향을 미칠 수 있다. 신앙 초기에는 각인(imprinting)이 잘 되는 시기로 무엇보다 훌륭한 믿음의 선배를 달라고 간구해야 한다. 삶도 마찬가지지만 신앙도 속도 이전에 방향을 잘 잡아야 한다.

자연과학은 잘못된 것을 찾기가 쉽다. 그러나 사회과학이나 예술 분야는 잘못된 이론을 찾기가 매우 어렵다. 공산주의를 위해 인생과 명예를 헌납했던 유능한 학자들의 실책을 기억해야 한다.

좋은 동기만으로 세상의 재앙을 막을 수 없다. 사단의 주요한 공격은 속임수이다. 사단의 속임수로 대다수의 그리스도인은 크고 넓은 멸망의 문으로 들어가고 있다(마7:13). 교회는 오류를 잡아낼 수 있는 백신이 반드시 있어야 한다. 교회에 훌륭한 피드백 시스템만 잘 갖추어 있었다면, 오류를 신속히 잡아내고, 수많은 실족한 이들을 잡아줄 수 있었을 것이다.

&   **곁가지**

'완벽'에 몰입하면 영양분이 열매에 가기보다는 곁가지에 간다. 완벽(성경에 없는 교리들)에 몰두하면 '더 중한 바'(마23:23), '요긴한 것'(행15:28)을 간과하게 되어 들포도를 맺게 된다(사5:2). 이것이 열성적인 그리스도인들을 실족게 하는 사단의 교묘한 전략이다. 사단은 지엽적인 말씀에 매달리게 하고 심지어는 인생을 바치게 한다. 예수님은 '완벽한 안식일'(마12:1), '완벽한 식생활'(눅11:38)을 위해 신경이 곤두세워져 있는 바리새인들을 향하여 강력하게 책망하신다(마23:23). '너희 중에 율법을 지키는 자가 없도다'(요7:19). 어떤 종교든지 종교라는 이름으로 행해지는 잔인한 행동 이면에는 '완전', '순수', '원리', '근본'을 강조한다. 그들은 순수한 말씀으로 돌아가자고 외친다. 순수를 외칠수록 기대치가 부적절하게 높아져, '너희는 천국 문을 사람들 앞에서 닫고 너희도 들어가지 않고 들어가려 하는 자도 들어가지 못하게'(마23:13) 한다.

바리새인들은 간음하다 현장에서 잡혀 수치심에 떠는 여인을, 잔인하게도 군중 앞에 세웠다(요8:3). 맹인이 세상을 보게 된 것은 얼마나 행복한 일인가? 완벽에 몰입한 바리새인은 건강한 사람이라면 모두 기뻐할 이 상황에 안식일을 범했다는 생각에 사로잡혀 분노한다(요9:16). 인간적으로 얼마나 잔인한가! 부적절한 신앙관은 부적절한 분노(열매)를 맺는다. 부적절한 신앙관은 부적절한 분노를 통해서 드러난다. 예수님의 가르침보다 앞서가는 것은 현명하지 않다.

& **가지치기**

길이 많다고 좋은 게 아니다. 과거 시대에는 샛길이 많았다. 현시대는 길의 수는 줄어들고 큰 대로(고속도로)가 많아졌다. 뇌도 마찬가지이다. 뇌도 뇌신경이 많다고 좋은 뇌가 아니다. 뇌도 솎아내기, 가지치기를 한다. 뇌도 많은 신경보다 야무진 소수의 신경네트워크(신경회로, 사고 프로세스)가 더 중요하다. 과일나무도 마찬가지이다. 가지가 많다고 좋은게 아니다. 몇 개의 야무진 가지가 더 중요하다.

'무릇 내게 붙어 있어 열매를 맺지 아니하는 가지는 아버지께서 그것을 제거해 버리시고'(요15:2). '제거해 버리시고'는 영어로 'prunes' 즉 '가지치기'이다. 곁가지는 열매를 맛있고 잘 자라게 하는데 방해가 된다. 잡초는 외부에 있어서 **의지**가 중요하나 곁가지는 내부에 있어서 **분별력**이 있지 않으면 엉뚱한 가지를 자를 수 있다. 분별력은 믿음의 선배, 영적 지도자의 피드백을 통해서 얻을 수 있다.

기독교의 마음 훈련은 자기 부인이다. 가지치기는 자기 부인이다. 하나님은 그리스도인이 가져야 할 자세로 십자가를 지고 자기를 부인하라고 말씀하신다(마16:24). 자신의 지각(감각+해석), 자신의 판단, 자신의 결정, 자신의 슬픔, 자신의 분노가 틀릴 수 있다는 태도를 갖는 것이 자기 부인이다. 가정에서 부부간, 교회에서 교우 간, 직장에서 직원 간 관계 속에서 자기주장만 내세우는 태도는 관계에 치명적이다. 우리 모두는 바울처럼 각자의 눈에 있는 비늘이 벗겨져야 한다(행9:18).

세계적인 뇌신경학자인 영국의 아닐세스 박사에 의하면, 뇌의 주요한 특징은 뇌는 끊임없이 예측한다는 것이다. 뇌는 끊임없이 미리 판단하고 감정을 예측한다. 자신이 예측한 판단, 예측한 감정이 틀릴 수 있다는 자세는 매우 중요하다. 이러한 자세 자체가 관계 유지에 중요한 역할을 한다. 아무리 신앙생활이 신실할지라도 독선적인 태도, 즉 자신의 생각과 감정을 고집하는 자세는 영적 성장을 멈추게 한다.

'누구든지 나를 따라오려거든 자기를 부인하고 자기 십자가를 지고 나를 따를 것이니라'(마16:24). '나는 날마다 죽노라'(고전 15:31). '이는 내 생각이 너희의 생각과 다르며 내 길은 너희의 길과 다름이니라 여호와의 말씀이니라 이는 하늘이 땅보다 높음같이 내 길은 너희의 길보다 높으며 내 생각은 너희의 생각보다 높음이니라'(사55:8~9).

내 생각이 틀릴 수 있다는 태도가 겸손이다. 나의 지각, 나의 판단, 나의 감정이 틀릴 수 있다는 태도를 갖는 사람은 관계에서 경직되거나 고집스러운 태도를 보이지 않는다. 나의 판단, 나의 감정이 틀릴 수 있다는 태도를 갖게 되면, 성령의 음성에 더욱 집중하게 된다. 자연스럽게 하나님의 지혜를 간구하게 되고 경청하게 된다.

    잡초

밭에서 가장 많은 수고가 잡초를 뽑는 일이다. 우리가 기경을 하여 새로운 밭, 새로운 사람이 되어도 밭에 잡초가 나는 것은 자연스러운 것이다. 잡초는 끊임없이 올라온다. 눈물로 회심했음에도 죄와 싸우는 것은 자연스러운 것이다(히12:4). 잘 가꾸어진 밭, 기름진 밭에는 과일나무도 기회이지만 잡초도 기회이다. 황폐한 사막에는 곡식도 자라지 않지만 잡초도 자라기가 힘들다. 보통 밭에는 과목보다 잡초가 더 잘 자란다. 우리가 잡초와 싸우는 것은 평생의 과제이다. 잡초가 나는 것은 자연스러운 것이며, 잡초가 무성하게 되는 것이 부끄러운 것이다.

다양한 잡초가 있듯, 잡초는 시기마다 다양한 형태로 나타날 수 있다. 인생의 여정에 따라 다양한 잡초와 싸우는 것은 평생의 과제이다. 한번 구원받으면 다시는 죄와 싸우지 않아도 된다는 구원론은 씨 뿌리는 비유의 가르침과 어울리지 않는다. '너희가 죄와 싸우되 아직 피 흘리기까지는 대항하지 아니하고'(히12:4), '나중 형편은 전보다 더 심하게 되었다'(마12:45)는 말씀을 진지하게 살펴봐야 한다. 아론, 발람, 삼손, 사울, 다윗 모두 성령의 강력한 임재를 경험한 뒤에 죄를 지었음을 기억해야 한다.

혼자서 뽑을 수 있는 잡초도 있겠지만 쓴 뿌리는 혼자서는 어렵다(히12:15). 잡초 뽑는 작업은 함께 하면 훨씬 더 효율적이다(롬8:28). 일주일에 한 번씩 소그룹으로 모여 분노(또는 불안)를 고백하고, 자신의 쓴 뿌리를 알아차리고, 함께 기도하는 시간을 가져야 한다(약5:16). 소그룹 집단에서의 나눔과 합심 기도가 지속될 때 쓴 뿌리는 점점 힘을 잃게 될 것이다.

Reference
참고 성구

[창3:8] 여호와 하나님의 소리를 듣고 아담과 그의 아내가 여호와 하나님의 낯을 피하여 동산 나무 사이에 숨은지라

[창4:14] 주께서 오늘 이 지면에서 나를 쫓아내시온즉 내가 주의 낯을 뵈옵지 못하리니 내가 땅에서 피하며 유리하는 자가 될지라 무릇 나를 만나는 자마다 나를 죽이겠나이다

[창27:12] 아버지께서 나를 만지실진대 내가 아버지의 눈에 속이는 자로 보일지라 복은 고사하고 저주를 받을까 하나이다

[창28:9] 이에 에서가 이스마엘에게 가서 그 본처들 외에 아브라함의 아들 이스마엘의 딸이요 느바욧의 누이인 마할랏을 아내로 맞이하였더라

[창32:7] 야곱이 심히 두렵고 답답하여 자기와 함께 한 동행자와 양과 소와 낙타를 두 떼로 나누고

[창32:11] 내가 주께 간구하오니 내 형의 손에서, 에서의 손에서 나를 건져내시옵소서 내가 그를 두려워함은 그가 와서 나와 내 처자들을 칠까 겁이 나기 때문이니이다

[창34:30] 야곱이 시므온과 레위에게 이르되 너희가 내게 화를 끼쳐

나로 하여금 이 땅의 주민 곧 가나안 족속과 브리스 족속에게 악취를 내게 하였도다 나는 수가 적은즉 그들이 모여 나를 치고 나를 죽이리니 그러면 나와 내 집이 멸망하리라

[출17:11,12] 모세가 손을 들면 이스라엘이 이기고 손을 내리면 아말렉이 이기더니 모세의 팔이 피곤하매 그들이 돌을 가져다가 모세의 아래에 놓아 그가 그 위에 앉게 하고 아론과 훌이 한 사람은 이쪽에서, 한 사람은 저쪽에서 모세의 손을 붙들어 올렸더니 그 손이 해가 지도록 내려오지 아니한지라

[호10:12] 너희가 자기를 위하여 공의를 심고 인애를 거두라 너희 묵은 땅을 기경하라

[마7:13] 좁은 문으로 들어가라 멸망으로 인도하는 문은 크고 그 길이 넓어 그리로 들어가는 자가 많고

[마12:1] 바리새인들이 보고 예수께 말하되 보시오 당신의 제자들이 안식일에 하지 못할 일을 하나이다

[마16:24] 누구든지 나를 따라오려거든 자기를 부인하고 자기 십자가를 지고 나를 따를 것이니라

[마23:23] 화 있을진저 외식하는 서기관들과 바리새인들이여 너희가 박하와 회향과 근채의 십일조는 드리되 율법의 더 중한 바 정의와 긍휼과 믿음은 버렸도다 그러나 이것도 행하고 저것도 버리지 말아야 할지니라

[눅11:38] 잡수시기 전에 손 씻지 아니하심을 그 바리새인이 보고 이상히 여기는지라

[눅15:21] 아들이 이르되 아버지 내가 하늘과 아버지께 죄를 지었사오

니 지금부터는 아버지의 아들이라 일컬음을 감당하지 못하겠나이다 하나

[눅16:10] 지극히 작은 것에 충성된 자는 큰 것에도 충성되고 지극히 작은 것에 불의한 자는 큰 것에도 불의하니라

[요8:3-5] 서기관들과 바리새인들이 음행 중에 잡힌 여자를 끌고 와서 가운데 세우고 예수께 말하되 선생이여 이 여자가 간음하다가 현장에서 잡혔나이다 모세는 율법에 이러한 여자를 돌로 치라 명하였거니와 선생은 어떻게 말하겠나이까

[요9:16] 바리새인 중에 어떤 사람은 말하되 이 사람이 안식일을 지키지 아니하니 하나님께로부터 온 자가 아니라

[요16:8] 그가 와서 죄에 대하여, 의에 대하여, 심판에 대하여 세상을 책망하시리라

[행9:18] 즉시 사울의 눈에서 비늘 같은 것이 벗어져 다시 보게 된지라 일어나 세례를 받고

[행15:28] 성령과 우리는 이 요긴한 것들 외에는 아무 짐도 너희에게 지우지 아니하는 것이 옳은 줄 알았노니

[롬8:28] 우리가 알거니와 하나님을 사랑하는 자 곧 그의 뜻대로 부르심을 입은 자들에게는 모든 것이 합력하여 선을 이루느니라

[롬11:17] 돌 감람나무인 네가 그들 중에 접붙임이 되어 참감람나무 뿌리의 진액을 함께 받는 자 되었은즉

[고후2:15] 우리는 구원 받는 자들에게나 망하는 자들에게나 하나님 앞에서 그리스도의 향기니

[고후7:10] 하나님의 뜻대로 하는 근심은 후회할 것이 없는 구원에 이

르게 하는 회개를 이루는 것이요 세상 근심은 사망을 이루는 것이

니라

[갈5:6] 그리스도 예수 안에서는 할례나 무할례나 효력이 없으되 사랑

으로써 역사하는 믿음뿐이니라

[히12:4] 너희가 죄와 싸우되 아직 피흘리기까지는 대항하지 아니하고

[히12:15] 너희는 하나님의 은혜에 이르지 못하는 자가 없도록 하고 또

쓴 뿌리가 나서 괴롭게 하여 많은 사람이 이로 말미암아 더럽게 되

지 않게 하며

[약5:16]

[계14:4] 어린 양이 어디로 인도하든지 따라가는 자며 사람 가운데에

서 속량함을 받아 처음 익은 열매로 하나님과 어린 양에게 속한 자

들이니

MEMO

2장. 마음의 욕구

인간에게는 크게 대인관계 욕구와 신체 욕구가 있다. 욕구는 하나님께서 창조 때부터 주신 것이고 욕구는 행동의 주요한 근원이다. 하나님은 인간을 리더쉽(창1:28), 관계(창2:18), 지지(창2:23) 등이 필요한 존재로 창조하셨다. 또한 하나님은 인간에게 음식의 즐거움(창2:9), 수면의 즐거움(창2:21), 이성 교제의 즐거움(창2:23)을 선물하셨다.

'땅을 정복하라' '모든 생물을 다스리라' 하시며 리더쉽이 필요한 존재로 창조하셨다(창1:28). 창세기 1장과 2장을 보면, '좋았더라'라는 표현이 7번 나오고, '좋지 아니하다'라는 표현이 1번 나온다. 사람이 '혼자' 하나님만 바라보는 삶은 '좋지 아니하다'라고, 죄가 들어오기 전부터 말씀하고 계신다(창2:18). '남자가 부모를 떠나 그의 아내와 합하여 둘이 한 몸을 이루라'(창2:24). 인간은 서로 연합하고 지지와 공감이 필요한 존재로 창조되었다(하버드대 인간 행복 관련 70여 년간 종단연구의 결론은 '좋은 관계'였다).

대인관계 욕구

대인관계 욕구 이론은 미 해군에서 시작하여 하버드대학에서
까지 연구가 지속되었다. 슈츠 박사(William Schutz, 1958)의 대인관
계 욕구 이론은 내적으로 일관성이 있으며, 그 예측들은 검증 가
능할 정도로 신뢰도가 높다.

❶ 3가지 대인관계 욕구

• 소속 욕구 – 사회적 관계를 맺고자 하는 욕구로, **다양한 사
  회활동 참여**에 대한 욕구가 높다. 소속 욕구가 높으면 외향
  적이고 과시적 행동을 하게 된다. 소속 욕구가 낮으면 혼자
  만의 시간을 선호하고 내향적이고 타인과 일정 거리를 유지
  하려 한다.

• 통제 욕구 – 유능하고 책임감 있는 사람이라는 평을 듣고자
  하는 욕구로, 리더쉽, 권력, 영향력, 의사 결정권, 권한이나
  책임을 부여받는 것을 선호한다. 통제 욕구가 과하게 높으면
  독재적인 사람이 된다. 통제 욕구가 낮으면 누군가에게 지시
  를 내리거나 지시받는 것을 선호하지 않으며, 자유로운 것을
  선호한다. 과하게 낮으면 복종적인 사람이 된다.

• 정서 욕구 – 소속욕구는 **일대 다수**의 관계를 원하며, 정서
  욕구는 **일대일의** 관계를 원한다. 정서 욕구는 친밀감, 친근

감, 배려, 공감을 받고자 하는 욕구이다. 정서 욕구가 높으면 일대일의 관계에서 친밀한 정서적 관계를 원한다. 정서 욕구가 낮으면 거리를 두고 사무적인 관계를 원한다.

❷ 욕구 해결

대인관계 욕구(소속＋통제＋정서)가 전체적으로 높으면 만남을 자주 가져야 에너지가 충전된다. 대인관계 욕구(소속＋통제＋정서)가 전체적으로 낮으면 가끔씩 소규모 모임에 참여만으로도 대인관계 욕구는 충분하다.

기도회, 성경 공부, 감동적인 설교 등 '경청'만으로는 교회에 머무르게 할 수 없다. 교회나 직장의 안정감을 위해서는 각자의 욕구들을 이해하고 적절하게 충족 시켜주는 것이 필요하다. 집단(직장, 교회) 정착은 초기에는 소속 욕구에서 출발하여, 통제 욕구, 마지막은 애정욕구 순으로 진행된다. 집단 이탈은 반대로 애정욕구 결핍, 통제 욕구 결핍, 소속 욕구 결핍이 되면서 집단에서 이탈하게 된다.

교회의 규모가 크면 소속욕구는 자연스럽게(나이, 성별, 취미 모임이 쉽게 조성됨) 해결될 가능성이 높다. 또한 규모가 크면 통제욕구(소그룹 책임자, 교회 직책 등) 해결에도 유익한 환경이다. 교회가 소규모일수록 소속욕구나 통제 욕구를 해결하는 데 매우 불리하다. 교회가 소규모이면 대체로 정서 욕구(공감, 지지 등) 해결에만 집중될 수 있다. 정서 욕구 해결만으로 소속욕구나 통제 욕구를 대체할 수 없음을 알아야 한다.

• 표출형 vs 기대형 – 사람에 따라 3가지 욕구를 만족하기 위한 행동에는 두 가지 태도가 있다. 욕구 만족을 위해 적극적으로 주장하는 **표출형**과 상대방이 나의 욕구에 관심을 가져주길 바라는 **기대형**이 있다.

어떤 사람은 구역 반 모임에 초청해 주기를 기다리는 사람이 있다(소속 욕구+기대형). 어떤 사람은 교회 행사 참석을 강권하면 교회에 더욱 거리를 두는 사람이 있다(낮은 소속 욕구). 어떤 사람은 자신의 감정을 이해해 주고 공감해 주기를 간절히 기다리는 사람이 있고(정서 욕구+기대형), 어떤 사람은 친근하게 다가가면 불편해하는 사람이 있다(낮은 정서 욕구). 어떤 사람은 책임을 주면 더 열심히 하는 사람이 있고(통제 욕구+표출형), 어떤 사람은 책임을 주면 스트레스로 신앙생활에 어려움이 생기는 사람도 있다(낮은 통제 욕구).

욕구는 모두를 만족시킬 수 없다. 그러나 상대가 나의 욕구를 존중해 주고 나의 욕구가 채워지지 않아 스트레스받는 것을 알아만 줘도, 욕구불만으로 인한 스트레스(분노 또는 불안)는 어느 정도 조절된다. 교회는 자연스럽게 욕구를 물어보고 표현할 수 있는 장이 있어야 한다. 욕구불만은 얼굴 표정에 나타나게 된다. 가인의 분노는 얼굴 안색에 나타났다(창4:5). 느헤미야의 슬픔은 얼굴 안색에 나타났다(느2:2). 요셉은 술 맡은 관원장의 얼굴 안색을 통해 근심을 알아차렸다(창40:7). 요셉처럼 얼굴 표정에 관심을 갖고, 얼굴 표정(욕구 불만)을 물어만 줘도, 교회에 머물 가능성이 높아진다.

    &   **신체 욕구**

인간의 주요한 신체 욕구는 ①음식, ②수면, ③이성 등이 있다. 신체 욕구는 자연스러운 것으로 창조 때부터 하나님께서 인간에게 주신 축복이다(창2:9,21,23, 전3:13). 신체 욕구는 절제의 대상이지 금욕의 대상이 아니다.

❶ 3가지 신체 욕구

• 음식 – 음식은 선물이다. 예수님의 첫 이적은 음식이었다(요2:7). 예수님은 '먹기를 탐하는 자'(눅7:34)라는 말을 들으면서까지도 먹는 자리를 소중하게 여기셨다. 음식은 친밀감, 교제에 중요한 역할을 한다. 과한 식탐은 주의 집중력을 떨어뜨려, 영성이나 업무 효율성의 저하를 가져온다.

• 수면 – 수면은 선물이다. '여호와께서 사랑하시는 자에게 잠을 주시는도다'(시127:2). 수면은 신체적 건강뿐만 아니라, 정

신 건강에도 중요하다. 정신건강의학과 병원에서 근무하다 보면 수면의 어려움을 호소하는 환자를 자주 접하게 된다. 과한 수면, 수면의 불규칙, 늦은 취침 등은 인내력과 성실성을 떨어뜨려 영성과 근면성에 부정적 영향을 끼친다.

• 이성 - 이성(배우자)은 선물이다. 하나님은 하와의 결혼식에 신부 아버지로 함께 입장하심으로, 이성의 만남을 축복하셨다(창2:22). 아가서는 사랑하는 남녀 간 대화로 이루어진 성경책이다. 이성에 대한 집착은 천하제일의 솔로몬도, 삼손도 어리석고 연약한 사람이 되게 하였다.

❷ 신체 욕구와 사단의 개입

하나님께서 선물하신 신체 욕구에 사단은 강력하게 개입한다. 신체 욕구에 사단의 특기인 교란 작전을 펼친다. 사단의 교란 작전 3가지를 살펴보자.

첫 번째, 사단의 개입은 신체 욕구를 죄악시하는 것이다. 바울은 '혼인을 금하'고, '어떤 음식물은 먹지 말라'(딤전4:3)는 가르침은 귀신의 가르침(딤전4:1)이라고 경고한다. 바울은 신체 욕구를 죄악시하는 종교 지도자를, '양심이 화인 맞았다', '외식하는 자이다', '거짓말하는 자이다'(딤전4:2)며 강하게 질책한다.

두 번째, 사단의 개입은 '탐심'이다(롬7:8). 신체 욕구에 탐심이 함께 할 때 '육체의 정욕(벧전2:11, 벧후2:18)' 또는 '육체의 욕심(갈 5:16, 엡2:3)'이라 한다('정욕', '욕심' 헬라어 단어 모두 동일 : 스트롱코 드1939 에피뒤미아). 죄의 시작은 신체 욕구에 '탐심'이 함께함으로 시작되었음을 잊지 말아야 한다. '그들에게 이르시되 삼가 모든 탐심을 물리치라 사람의 생명이 그 소유의 넉넉한 데 있지 아니하니라'(눅12:15). '너희를 방종하게 하는 자신의 마음과 눈의 욕심을 따라 음행하지 않게 하기 위함이라'(민15:39). 더 맛있는 음식, 더 편한 수면, 더 멋진 이성이 결코 만족감을 줄 수 없다. 세상의 가장 지혜로운 솔로몬은 이성의 탐심(홍수)에 침몰당해 결국 어리석은 자가 되었다.

탐심은 시각으로 시작된다. '안목의 정욕'은 세상으로부터 온 것이다(요일 2:16). 첫 범죄, 노아 홍수, 다윗의 범죄는 안목의 정욕(시각+탐심)으로 시작되었다. '여자가 그 나무를 **본즉** 먹음직도 하고 **보암직도 하고** 지혜롭게 할 만큼 탐스럽기도 한 나무인지라 여자가 그 열매를 따먹고 자기와 함께 있는 남편에게도 주매 그도 먹은지라'(창3:6). '하나님의 아들들이 사람의 딸들의 아름다움을 보고 자기들이 좋아하는 모든 여자를 아내로 삼는지라'(창6:2).

다윗의 죄는 이성의 욕구에 탐심(육체의 정욕)이 함께 함으로 시작되었다. '저녁때에 다윗이 그의 침상에서 일어나 왕궁 옥상에서 거닐다가 그곳에서 **보니** 한 여인이 목욕을 하는데 **심히 아름다워 보이는지라**'(삼하11:2). 사단은 보는 강렬한 즐거움을 통해 수많은 청소년들을 어두움으로 몰아가고 있다. 각 가정뿐만 아니라 교회는 유아기 때부터 안목의 정욕에 대한 시험을 대비하고 끊임없이 교육해야 한다.

세 번째, 사단은 신체 욕구에 풍족함으로 접근한다. 돈이 풍족하면 더 많은 식탐, 더 많은 수면, 더 많은 이성 유혹에 노출되기 쉽다. 이런 면에 '돈을 사랑함이 일만 악의 뿌리'(딤전6:10)가 된다. 아무리 먹어도, 아무리 잠을 자도, 수많은 이성 관계를 맺어도 채워지지 않는다. 왜냐하면 만족감을 느끼는 수준인 역치가 높아졌기 때문이다. 과거 만족감을 느끼기 위해서는 더 많은 자극을 받아야 한다. 넘치게 주신 돈은 내 것이 아니다. 넘치게 주신 돈은 하나님께서 착한 일에 쓰라고 맡기신 것이다(고후9:8). 에스겔은 소돔의 죄악의 핵심이 성적 타락이라고 말하지 않는다. 소돔의 죄악은 풍족함을 통해 가난한 자를 도와주지 않았기 때문이다(겔16:49). 풍족함을 나누지 않고 나와 내 가족을 위해서만 사용한다면 소돔의 전철을 밟게 될 것이다.

❸ 육체의 정욕에 대한 치료제

육체의 정욕에 대한 치료제는 **'두렵고 떨림'**이다(빌2:12). 3,000년 전 육체의 정욕으로 인해 시험에 들었던 다윗의 고백은 매우 중요하다. '나는 벌레요 사람이 아니라 사람의 비방거리요 백성의 조롱거리니이다'(시22:6). '여호와께 정죄를 당하지 아니하는 자는 복이 있도다 내가 입을 열지 아니할 때에 종일 신음하므로 내 뼈가 쇠하였도다 주의 손이 주야로 나를 누르시오니 내 진액이 빠져서 여름 가뭄에 마름 같이 되었나이다'(시32:2~4).

벌레가 되는 경험, 뼈가 마르는 고통은 경제 문제로, 질병 문제로, 사건·사고로, 죽음에 대한 공포로 다양하게 올 수 있다. 사랑하는 자에게, 눈물을 머금고, 두렵고 떨리는 죽음의 고통을 허락하시는 이유는, 두렵고 떨림이 육체의 정욕에 대한 강력한 치료제이기 때문이다.

Reference
참고 성구

[창1:28] 하나님이 그들에게 복을 주시며 하나님이 그들에게 이르시되 생육하고 번성하여 땅에 충만하라, 땅을 정복하라, 바다의 물고기와 하늘의 새와 땅에 움직이는 모든 생물을 다스리라 하시니라

[창2:9] 여호와 하나님이 그 땅에서 보기에 아름답고 먹기에 좋은 나무가 나게 하시니 동산 가운데에는 생명 나무와 선악을 알게 하는 나무도 있더

[창2:16] 여호와 하나님이 그 사람에게 명하여 이르시되 동산 각종 나무의 열매는 네가 임의로 먹되

[창2:18] 여호와 하나님이 이르시되 사람이 혼자 사는 것이 좋지 아니하니 내가 그를 위하여 돕는 배필을 지으리라 하시니라

[창2:21] 여호와 하나님이 아담을 깊이 잠들게 하시니 잠들매 그가 그 갈빗대 하나를 취하고 살로 대신 채우시고

[창2:22,23] 여호와 하나님이 아담에게서 취하신 그 갈빗대로 여자를 만드시고 그를 아담에게로 이끌어 오시니 아담이 이르되 이는 내 뼈 중의 뼈요 살 중의 살이라 이것을 남자에게서 취하였은즉 여자라 부르리라 하니라

[창4:5] 가인과 그의 제물은 받지 아니하신지라 가인이 몹시 분하여 안
색이 변하니

[창40:6,7] 아침에 요셉이 들어가 보니 그들에게 근심의 빛이 있는지
라 요셉이 그 주인의 집에 자기와 함께 갇힌 바로의 신하들에게 묻
되 어찌하여 오늘 당신들의 얼굴에 근심의 빛이 있나이까

[느2:2] 왕이 내게 이르시되 네가 병이 없거늘 어찌하여 얼굴에 수심이
있느냐 이는 필연 네 마음에 근심이 있음이로다 하더라 그 때에 내
가 크게 두려워하여

[시127:2] 너희가 일찍이 일어나고 늦게 누우며 수고의 떡을 먹음이 헛
되도다 그러므로 여호와께서 그의 사랑하시는 자에게는 잠을 주시는
도다

[전3:13] 사람마다 먹고 마시는 것과 수고함으로 낙을 누리는 그것이
하나님의 선물인 줄도 또한 알았도다

[겔16:49] 네 아우 소돔의 죄악은 이러하니 그와 그의 딸들에게 교만함
과 음식물의 풍족함과 태평함이 있음이며 또 그가 가난하고 궁핍한
자를 도와 주지 아니하며

[눅7:34] 인자는 와서 먹고 마시매 너희 말이 보라 먹기를 탐하고 포도
주를 즐기는 사람이요 세리와 죄인의 친구로다 하니

[요2:7] 예수께서 그들에게 이르시되 항아리에 물을 채우라 하신즉 아
귀까지 채우니

[롬7:8] 그러나 죄가 기회를 타서 계명으로 말미암아 내 속에서 온갖
탐심을 이루었나니 이는 율법이 없으면 죄가 죽은 것임이라

[고후9:8] 하나님이 능히 모든 은혜를 너희에게 넘치게 하시나니 이는

너희로 모든 일에 항상 모든 것이 넉넉하여 모든 착한 일을 넘치게 하게 하려 하심이라

[갈5:16] 내가 이르노니 너희는 성령을 따라 행하라 그리하면 육체의 욕심(kjv ; lusts)을 이루지 아니하리라

[엡2:3] 전에는 우리도 다 그 가운데서 우리 육체의 욕심(kjv ; lusts)을 따라 지내며 육체와 마음의 원하는 것을 하여 다른 이들과 같이 본질상 진노의 자녀이었더니

[빌2:12] 그러므로 나의 사랑하는 자들아 너희가 나 있을 때뿐 아니라 더욱 지금 나 없을 때에도 항상 복종하여 두렵고 떨림으로 너희 구원을 이루라

[딤전4:1~3] 그러나 성령이 밝히 말씀하시기를 후일에 어떤 사람들이 믿음에서 떠나 미혹하는 영과 귀신의 가르침을 따르리라 하셨으니 자기 양심이 화인을 맞아서 외식함으로 거짓말하는 자들이라 혼인을 금하고 어떤 음식물은 먹지 말라고 할 터이나 음식물은 하나님이 지으신 바니 믿는 자들과 진리를 아는 자들이 감사함으로 받을 것이니라

[벧전2:11] 사랑하는 자들아 거류민과 나그네 같은 너희를 권하노니 영혼을 거슬러 싸우는 육체의 정욕(kjv ; lusts)을 제어하라

[벧후2:18] 그들이 허탄한 자랑의 말을 토하며 그릇되게 행하는 사람들에게서 겨우 피한 자들을 음란으로써 육체의 정욕(kjv ; lusts) 중에서 유혹하는도다

MEMO

3강. 마음의 변화

좋은 열매

밭의 최종 목표는 **좋은 열매**를 얻는 것이다. 인간은 누구나 추수하는 날이 오게 된다. 개인의 추수 날이 있고 지구(세상)의 추수의 날이 있을 것이다. 여하튼 어떤 추수의 날이든 결국 열매(알곡)가 있느냐 없느냐가 중요하다(마3:12). 하나님께서 원하는 좋은 열매는 무엇일까?

'어떻게 영생을 얻으리까'라는 질문은 인생의 가장 중요한 질문이다. 4 복음서에는 두 사람이 인생에 가장 중요한 질문을 한다(누가복음 10장, 누가복음 18장). 여기에 대한 예수님의 답변은 **좋은 열매의 특징**이 무엇임을 알게 한다.

'어떤 율법교사가 일어나 예수를 시험하여 이르되 선생님 내가 무엇을 하여야 **영생을 얻으리이까** 예수께서 이르시되 율법에 무엇이라 기록되었으며 네가 어떻게 읽느냐 대답하여 이르되 네 마음을 다하며 목숨을 다하며 힘을 다하며 뜻을 다하여 주 너의 하

나님을 사랑하고 또한 네 이웃을 네 자신 같이 사랑하라 하였나이
다 예수께서 이르시되 네 대답이 옳도다 이를 행하라 그러면 살리
라 하시니'(눅10:25~28). '이르되 자비를 베푼 자니이다 예수께서
이르시되 가서 너도 이와 같이 하라 하시니라'(눅10:37).

　'어떤 관리가 물어 이르되 선한 선생님이여 내가 무엇을 하여
야 영생을 얻으리이까~네가 **계명을 아나니** 간음하지 말라, 살인
하지 말라, 도둑질하지 말라, 거짓 증언 하지 말라, 네 부모를 공
경하라 하였느니라'(눅18:18,20 ; 같은 사람 마19:17 '네가 생명에 들어
가려면 **계명들을 지키라**'. 같은 사람 막10:21 '예수께서 그를 보시고 사랑
하사 이르시되 네게 아직도 한 가지 부족한 것이 있으니 가서 네게 있는
것을 다 팔아 가난한 자들에게 주라').

　위의 말씀을 통해 천국 곳간에 들어가는 **좋은 열매는 '하나님
의 계명들을 소중히 여기고, 어렵고 가난한 이웃들에게 자비를 베
푸는 삶'** 이 두 가지가 특징임을 알 수 있다.

　좋은 열매는 '인내로 결실'한다(눅8:15). 계명을 소중히 여기고
이웃에게 자비를 베푸는 삶은 잠깐의 일화가 아닌 삶이 되어야 한
다. 인내는 믿음의 시련을 통해 강력해진다(약1:3). 믿음은 사랑을
통해 강력해진다(갈5:6). 천국 입성이 목적이 되면 인내하기가 어
렵다. 거짓 선생일수록 천국 입성을 강조하고 불안감을 조장한다.
계명을 감사히 여기고 누군가에게 자비를 베풀 수 있는 삶을 감사

히 여겨야 한다. 그때 계명과 자비를 베푸는 삶이 일화가 아닌 나의 삶이 된다. 천국에 가지 못할지라도 나 같은 죄인을 구원해 주신 것 자체만으로도 감사해야 한다. 그때 계명과 자비를 베푸는 삶이 일화가 아닌 나의 삶이 된다.

좋은 포도는 먹지 않아도 향기를 통해 알 수 있다(고후2:15). 향기는 매력이다. 향기는 사람을 끌어당긴다. 성품의 열매가 잘 익어가고 있다는 증거는 교회와 이웃에게 매력이 있는가이다(눅2:52). 교회에서는 사랑받지만, 사람에게는 사랑받지 못하는 것, 사람에게는 사랑받지만, 하나님께는 사랑받지 못하는 것, 두 가지 모두 저울에 달렸을 때 부족하다고 선언될 것이다(단5:27). 가정이나, 직장이나, 학교나, 교회에서 사람들이 나를 불편해하거나 피하면, 나를 무시한다고 서운해하고 사랑이 식었다며 불평할 수 있다. 그러나 가정이나, 직장이나, 학교나, 교회에서 사람들이 나를 불편해하거나 피하면, 마음 밭에 뭐가 부족한지 살펴보고, 선배나 목회자에게 묻고, 그들의 피드백을 깊이 새겨들어야 한다.

&   **성품의 세 가지 요인**

기질 및 성격검사를 개발한 미국 워싱턴대 로버트 클로닝거(R. Cloninger) 박사 연구에 의하면, 사람은 태어나면서 자신만의 기질이 대부분 형성되고 환경(부모, 사회경제적 수준, 건강 상태 등)과 기질이 상호작용하면서 성격이 형성되게 된다.

기질은 유전적, 선천적 부분이 강하나, 성격은 타고난 기질과 환경의 상호작용에 의해 형성된다. 성격은 성장(성숙)도 하고 퇴행되기도 한다. 어떤 이유를 막론하고 불평, 원망, 불만족은 성격을 퇴행시킨다. 어떠한 형편에서든지 자족, 감사는 성격을 성장시킨다. 자율성은 **줄기**, 협동성은 **가지**, 영성은 **햇볕**이다. 나무의 줄기는 강할수록 좋다. 나무의 가지는 없어도 안되나 과도하면 가지치기 통해 조절해야 한다. 햇볕도 적절해야 좋다. 나무의 줄기는 유능감으로 자기 일을 잘해야 한다. 가지는 대인관계로 가끔은 가지치기를 통해서 인간관계를 정리할 수 있어야 한다. 햇볕은 때에 따라 적절해야 한다. 과도하면 나무나 줄기를 마르게 한다. 우리의 영성은 합리적, 상식적 가치 위에 세워져야 한다. 햇볕(영성)에만 집착하면 현실의 삶과 거리가 먼 한달란트 받은 종(마25:24,25)과 같은 부적절한 신앙인이 된다.

① **자율성(줄기)**은 '유능감', '뚜렷한 목표 의식', '자신에 대한 수용(반대=자기 불만으로 자신의 있는 그대로의 심리적, 신체적 특징을 받아들이지 못하는지)', '책임감(반대 – 책임 전가로 자신에게 일어난 일을 외부의 탓으로 돌리고 비난함)' 등을 통해서 향상된다. 한나는 남편에게 넘치는 사랑을 받는 여인이었다(삼상1:5). 그럼에도 한나의 자율성은 낮았다(삼상1:8). 한나는 아내로서 자녀에 대한 뚜렷한 목표가 있었으나 자녀를 갖는

데는 무기력하였다. 한나는 아내로서 가장 중요한 역할(책임)인 자녀를 임신하고 심지어 아들을 출산하면서 자율성은 향상되었다. 자율성이 높아진 한나는 '내 뿔이 여호와로 말미암아 높아졌으며'(삼상2:1)라고 고백한다. 자율성은 주변에서 '사랑한다', '너는 사랑받기 위해서 태어났다'라는 말보다, 자신의 역할에서 인정받을 때 향상된다.

남 탓하면, 원망하면 자율성이라는 기둥은 부실해진다. 비현실적 높은 목표는 자율성에 부정적 영향을 끼친다. 자신의 약점을 알고 수용할 때 자율성은 높아진다. 자신의 약점을 수용하지 못하고 타인을 막연히 부러워하면 자율성은 떨어진다. 누구나 부러워하는 대학, 누구나 부러워하는 직업을 가졌을지라도 소속된 대학이나 직업에서 유능감(주변 사람들의 인정)을 경험하지 못하면 자율성은 떨어진다. 자율성 향상을 위해서는 가장 가까이에 있는 작고 하찮은 일을 요셉처럼 성실과 감사함으로 수행하고, 인정받는 경험(작은 성공 경험, 업무에 대하여 칭찬받는 경험)의 누적이 중요하다.

② **연대감(가지)**은 '자기가 가진 것을 기꺼이 나누는 태도', '공평(반대 – 편파)', '관대함(반대 – 복수심)', '타인 수용(반대 – 다른 사람의 차이를 잘 받아들이지 못하고 비판적인)' 등을 통해서 향상된다. 대인관계 능력은 신앙과 정신 건강의 주요한 지표이다. 교회에서, 직장에서, 학교에서 자꾸 갈등 관계에 빠지거나 쉽게 상처받는다면 나의 성품을 심각하게 점검해 보아

야 한다.

의리가 없으면 연대감은 떨어진다. 관계(친구, 결혼, 직장)에서 의리는 핵심이며, 의리가 없는 사람은 아무리 유능하고 엘리트일지라도, 아무리 예쁘고 잘 생겼을지라도, 인간적 매력은 떨어지게 된다. 믿음은 의리와 같은 개념이다. 성경은 한 번 맺은 언약은 목숨을 걸고 지키라고 말씀하실 정도로 의리를 중요하게 여기신다.

나눌수록 연대감이라는 기둥은 성숙해진다. 공평은 자신에게 손해가 되더라도 타인을 공정하게 대하는 것이다. 관대함은 상처를 받은 후 태도와 관련이 있다. 관대함이 높으면 용서와 회복에 에너지를 사용한다. 관대함이 낮으면 복수심에 에너지를 사용한다. 타인 수용이 높으면 자신과 다른 성격이나 가치관을 가진 사람에게도 우호적이다. 타인 수용성 향상을 위해서는 인간성에 대한 이해력이 매우 중요하다.

③ **영성(햇볕)**은 예상치 못한 사건, 사고 등 이성과 논리로 설명하기 어려운 일을 마주했을 때 영향력이 발휘된다.

'70년간의 하버드대 졸업생 종단연구' 책임자 중 한 명인 조지 베일런트 박사는 영성 향상의 핵심은 **은총에 대한 감사하는 태도**라는 것을 발견했다. 심지어 **'감사하는 태도를 흉내라도 내라'**고 조언하고 있다. '은총'이란 나의 능력이나 노력에 비해 더 많은 것을 받은 것을 의미한다. 영성은 나의 능력이나 노력에 비해 더 많은 것을 받은 것에 대해 '감사하는 태도'를 가질 때 성장한다.

물질(돈)에 집중하면 감사를 **지속**하기가 어렵다. 지금 현재의 관계를 소중하고 귀하게 여길 때 가난하든, 부유하든, 감옥에 있든, 병실에 있든, 바울과 같은 감사를 지속할 수 있게 된다(빌 4:11).

감사에 중요한 것은 **'믿음'**이다. '모든 사건 사고에는 의미가 있다'는 믿음을 갖는 것은 매우 중요하다.

&   성령의 수술

일에는 순서가 있다. 말씀의 씨를 뿌리기 전에 먼저 해야 할 일이 있다. 딱딱한 마음밭에 아무리 좋은 씨를 뿌려도 씨가 뿌리를 내릴 수 없다. 씨를 뿌리기 전에 마음 밭을 부드럽게 해야 한다. 호세아는 우리에게 말한다. '너희 묵은 땅을 기경하라'(호10:12). 우리의 딱딱해진 묵은 밭은 쟁기질을 통해서 부드럽게 해야 한다.

아담과 하와가 죄를 범한 후 최초의 감정은 죄책감과 수치심이었다. 죄책감과 수치심은 사람의 변화에 중요한 발판이다. 뜨거운 도가니에 들어갈 수 있게 부서져야 한다. 죄책감은 새로운 재창조

를 위한 첫 작업인 '부서뜨리는 작업'을 한다. 자아가 깨지는 것은 변화의 시작이다.

예수님은 베드로에게 말씀하시길 '나를 따라오라'고 하신다(마 4:19). 우리는 십자가를 지고 예수님을 따라가야 한다. '예수도 성문 밖에서 고난을 받으셨느니라'(히12:12). 우리도 십자가를 져야 하는데, 예수님이 지신 십자가(고난)는 수치심이다. '그런즉 우리도 그분께 나아가서 그분이 겪으신 수치를 함께 짊어집시다'(히 13:13, 유대인 성경책역).

우리의 마음밭에 쟁기질을 하시는 분은 성령이시다. 성령의 역할이 얼마나 중요했으면 다음과 같은 말씀이 있다. '또 누구든지 말로 인자를 거역하면 사하심을 얻되 누구든지 말로 성령을 거역하면 이 세상과 오는 세상에서도 사하심을 얻지 못하리라'(마 12:32).

성령이 역사하면 희락과 화평으로 하늘의 기쁨을 맛보게 된다 (갈5:22). 그러나 성령이 역사하면 먼저 마음이 아프다. 성령은 옷을 찢듯이, 우리의 마음을 찢는다(욜2:13). 치유의 기쁨보다 영적 수술이 먼저이다.

성령께서 수술하실 때 사용하는 메스는 책망(죄책감)이다(요 16:8). 책망(죄책감)을 통해서 우리의 마음밭을 기경하신다. 성령은

'부드러운 마음'(겔36:26)을 주기 위해, 먼저 우리의 '굳은 마음을 제거'(겔36:26)하신다.

하나님은 바리새인의 구원받은 삶에 대한 당당한 간증을(눅 18:11), 가인의 기도와 같이 응답하지 않으셨다. 그러나 하나님은 세리의 – **'나는 죄인이로소이다'**(눅18:13) – 회개기도를 아벨의 기도처럼 흠향하셨다(눅18:14). 여호와는 '마음이 상한자를 가까이' 하신다(시34:18).

❶ 죄책감

죄책감은 죄인의 상처에 성령께서 보내신 약이다(요16:8). 죄를 소독할 때 아픔이 따름은 죄인을 살리기 위한 것이다. 느헤미야가 귀족들을 공개적으로 꾸짖음으로 죄책감을 일으켰기에 수치심을 느끼고 귀족들도 개혁에 동참한다(느5:7). 예수님은 베드로에게 '사단아 내 뒤로 물러가라'며 가혹하게 꾸짖어 수치심과 죄책감을 일으키셨다(막8:33).

죄책감은 사람의 변화에 중요한 출발이다. 나는 보호관찰소에서 수년간 심리상담(유죄를 받은 내담자를 대상)을 진행하고 있다. 상담을 통해 죄책감을 일깨우기 위해서는 법이 있어야 하며, 법뿐만 아니라 처벌도 중요하다는 것을 확인하게 되었다. 법이 있기에 죄책감이 일어날 수 있다. 법이 있어도 처벌이 미약하면 죄책감을 깨우는 데 어려움이 있다. 법과 처벌에 대한 두려움이 함께 해야,

양심이 화인(火印 – 불에 달구어 찍는 쇠도장) 맞지 않는 이상, 죄책감이 제대로 작동된다. 성령은 계명을 통해 '죄에 대하여 의에 대하여 심판에 대하여 책망'하심으로 죄책감을 주신다(요16:8). 성령은 계명이라는 메스를 통해 골수를 쪼개는 영적 수술을 집도하신다(히4:12).

❷ 눈물바다

죄책감에 대한 오해는 계명에 대한 오해를 갖게 한다(롬7:7). 거짓 선생이 계명의 폐지를 가르치면, 죄책감의 무거운 짐에서 자유함을 느낀다. 죄책감에서 벗어난 구원의 기쁨을 눈물로 간증한다. 사단의 엄청난 기만 작전이다!

'오호라 나는 곤고한 사람이로다 이 사망의 몸에서 누가 나를 건져내랴'(롬7:24). 계명은 우리를 괴롭게 한다. '전에 율법을 깨닫지 못했을 때에는 내가 살았더니 계명이 이르매 죄는 살아나고 나는 죽었도다'(롬7:9). 병든 환자가 병을 인지 못 하면 치명적이다. 계명이 준 통증(죄책감)을 통해 우리의 환부를 제대로 인식하게 된다. 얼마나 감사하고 고마운가? 계명은 죄책감을 일깨운다. 계명은 우리가 죄인임을 일깨운다. 계명은 우리로 가슴을 치게 한다. '그런즉 우리가 무슨 말을 하리요 율법이 죄냐 그럴 수 없느니라 율법으로 말미암지 않고는 내가 죄를 알지 못하였으니 곧 율법이 탐내지 말라 하지 아니하였더라면 내가 탐심을 알지 못하였으리라'(롬7:7).

많은 목회자는 율법은 차갑고 바리새인 같으며 인자한 하나님의 성품과는 결이 다른 것처럼 설교한다. 느헤미야 시대에 백성들이 눈물을 흘리며 흐느끼는 일이 있었다. 이러한 눈물바다 광경은 성경에 전무후무한 일이었다. '하나님의 율법책을 낭독하고 그 **뜻을 해석하여** 백성에게 그 낭독하는 것을 다 **깨닫게 하니 백성이 율법의 말씀을 듣고 다 우는지라**'(느8:8,9).

율법이 제대로 전달되면 큰 즐거움을 갖게 된다. '모든 백성이 곧 가서 먹고 마시며 나누어 주고 크게 즐거워하니 이는 그들이 그 읽어 들려 준 말(씀)을 **밝히 앎**이라(느8:12)'. 이 시대는 율법을 깨닫게 해줄 역량 있는 학자 에스라가 필요하다.

❸ 인내

죄책감(수치심)을 소중히 여기고 수용하는 것만으로 부족하다. 수용과 함께 인내가 필요하다. 사람의 변화를 위해 주시는 죄책감의 음침한 골짜기는 잠깐 동안이 아니다. '사망의 음침한 골짜기'를 통과하는 시간은 생각보다 길다.

성령은 지긋지긋한 죄책감을 통해서 우리를 죄에서 분리시키신다. 유다는 요셉에 대한 죄의식에서 자유롭기까지 20년 이상의 시간을 죄책감으로 보냈다. 다윗은 나단의 지적에 바로 회개하고 용서를 받았다(삼하12:13). 다윗이 용서받은 후 죄책감을 털어버리고 자유함 가운데 살았는가? 결코 아니다. 끊임없는 가정의 분란 가운데 20년간 죄의 짐을 지고 살았다(삼하12:10). 열매는 '인내로 결실'한다(눅8:15).

인간은 끊임없이 죄책감의 짐을 벗고 싶은 욕망이 있다. 이것은 자연스러운 것이기에 '피흘리기까지'(히12:4), '죽음을 각오하는' 결의가 없으면 인내할 수 없다. 예수님과 믿음의 조상들의 인내를 묵상할 때 우리도 인내할 수 있는 힘을 얻게 된다. '너희에게 인내가 필요함은 너희가 하나님의 뜻을 행한 후에 약속하신 것을 받기 위함이라'(히10:36). '성도들의 인내가 여기 있나니 그들은 하나님의 계명과 예수에 대한 믿음을 지키는 자니라'(계14:12).

&   자족하라

어떠한 태도로 신앙을 하느냐는 성품 변화에 강력한 영향력을 행사한다. 좋은 성적(1등)에 대한 목표를 갖는 것은 공부 동기(인내)에 긍정적 영향을 끼친다. 그러나 1등에 대한 미래의 큰 기쁨을 위해 공부하는 것보다. 오늘-여기 공부 자체가 즐거운 것이 인내에 훨씬 더 긍정적이다. 신앙도 마찬가지이다. 천국에 대한 소망은 신앙 열심(인내)에 긍정적 영향을 끼친다. 그러나 그보다 더 좋은 것은 오늘-여기가 천국인 삶이 인내에 훨씬 더 긍정적이다(눅17:21).

미래의 천국만 기다리는 삶은 시간을 낭비하는 것이다. 천국만 바라보고 사는 삶은 한 달란트 가진 사람의 태도이다. '악하고 게으르다'고 책망하신다. 우리는 이 땅에서 '선한 싸움을 싸우며 달려가야 할 길'이 있다(딤후4:7). 열심히 달리는 것도 중요하지만 방향을 잘 잡아야 한다(고전9:26). 사단의 주 특기는 처음이나 지금이나 속이는 것이다. 사단은 열심이 특심인 자들을 위해 방향의 혼선을 주어 '넓은 문'으로 유인한다. 예수님께서는 대다수 기독교인들이 '넓은 문'을 향해 열심히 달려가고 있다고 경고하신다(마7:13). 우리의 열심의 방향은 이 땅의 예수님처럼 '하나님의 기뻐하는 자'가 되어가는 것이다(마3:17).

❶ 죄의 시작

죄의 시작 즉 죄의 원인을 알면 죄의 해결책을 찾기가 쉬워진다. 기독교는 어떤 종교보다도 죄의 시작(원인)에 대하여 쉽고 분명하게 기록하고 있다. 창세기 3장 6절을 보면 하와가 죄짓기 전 품었던 생각을 알 수 있다. '여자가 그 나무를 본즉 먹음직도 하고 보암직도 하고 지혜롭게 할 만큼 탐스럽기도 한 나무인지라 여자가 그 열매를 따먹고 자기와 함께 있는 남편에게도 주매 그도 먹은지라'.

동산에는 아담과 하와가 먹을 수 있는 많은 나무들이 있었다. 에덴동산에 아담과 하와에게 허락하신 과일나무는 어땠을까? 창세기 2장 9절을 보면, '여호와 하나님이 그 땅에서 보기에 아름답고 먹기에 좋은 나무가 나게 하시니'. 선악을 알게 하는 나무는 먹고 싶고 보기에 좋은 과일이었다. 아담과 하와에게 허락하신 나무 또한 아름답고 먹기에 좋은 나무였다고 성경은 기록하고 있다.

죄의 시작은 탐심이었다. 탐심이 들어오면 이웃의 나귀가, 이웃의 집이, 이웃의 배우자가 더 멋지게 보인다(출20:17, 왕상21:4). 이웃의 것이 멋지게 보이면 상대적으로 내 것에 대한 만족감이 떨어진다. 탐심은 우리의 눈을 멀게 하고 지각을 왜곡시킨다. 창세기 3장 6절의 '탐스럽기도', 출애굽기 20장 17절의 '탐내지 말라'는 모두 히브리어 단어가 같다(히브리어, 하마드 ; 스트롱코드 2530). '그들에게 이르시되 삼가 모든 **탐심**을 물리치라 사람의 생명이 그 소유의 **넉넉한** 데 있지 아니하니라 하시고'(눅12:15).

'어찌하여 형제의 눈 속에 있는 티는 보고 네 눈 속에 있는 들보는 깨닫지 못하느냐'(마7:3). 자기 부인은 내 지각을 의심하는 것이다.

❷ 원망(불평)

탐심의 열매는 불평, 원망이다. 원망은 'complain'으로 불평과 같은 단어이다. 바울은 고린도 전서에서 이스라엘 백성이 광야에서 멸망 당한 이유가 원망이라고 말하고 있다(고전10:10).

모세오경 중 민수기는 광야 생활에 대한 기록이다. 성경에는 원망이라는 단어가 37회가량 나오는데, 12회가 민수기에 기록되어 있다. 그래서 민수기를, '원망기', '불평기'라고 부르기도 한다. 원망＝불평＝비난 다 같은 의미이다(민11:1,34).

지금 우리의 삶은 광야 생활, 광야교회(행7:38)이다. 광야교회에서 달성해야 할 주요한 훈련 목표는 원망하는 습관을 씻어내는 것이다. 죄책감이라는 고통스러운 감정에서 쉽게 벗어나는 방법은 외부에 책임을 돌리는 '원망'이다. 원망은 책임감이라는 고통스러운 감정에서 자유를 주나, 영적 성장에는 최악의 장애물이다.

노벨평화상은 역설적으로 가장 치열한, 집요한, 목숨을 받쳐 싸운 이들에게 주어지는 상이다. 성경은 영적 전투를 하기 위해 전신갑주(엡6:13)를 입으라고 말씀하고 있다. 우리는 외부의 사단과 치열한 싸움을 해야 한다. 뿐만 아니라 내부적으로 자기와의 싸움을 해야 한다. 심지어 히브리서에서는 피 흘리기까지 싸우라(히12:4)고 말씀하신다.

우리는 살다 보면, 경제적 피해, 범죄 피해 등 억울한 상황들이 발생할 수 있다. 억울하면 원망이 자연스럽게 일어난다. 이것은 너무 자연스러운 현상이다. 그런데 마음의 법칙상, 원망하면 성품의 성장은 멈춘다. 이것은 마음의 법칙이다. 억울함 가운데 원망은 너무도 당연하나 원망하면 영적 성장은 멈추게 된다. 그러므로 우리는 깨어서 시험에 들지 않게 기도해야 한다(마26:41).

요셉이 형들에 대한 복수심을 가져도 그 누구도 이상하게 여기지 않을 것이다. 자신이 충성을 다했던 주인에게 배신당한 요셉이, 주인에 대한 원한, 복수심을 갖는 것은 너무도 당연하다. 만약 요셉이 고난의 시간에 복수심을 품고 살았다면 하나님의 사람으로 성장할 수 없었다. 이것은 마음의 법칙이다.

저는 심리상담을 하면서, 학교폭력, 가정폭력, 성폭력 피해자 등을 만나 면담과 성격검사를 해보게 된다. 안타까운 것은 피해자인데, 성격이 퇴행 된다는 것이다. 성격이 퇴행 되면 예민해지고 관계가 쉽게 손상된다. 이 어두움의 세상은 결단코 공평하지 않다.

사단이 욥을 시험함으로 최종 얻고자 하는 목표는 무엇일까? 사단의 목표는 욥이 입술로 하나님께 **원망**하게 하는 것이었다. '이 모든 일에 욥이 범죄하지 아니하고 하나님을 향하여 **원망하지** 아니하니라'(욥1:22). 사단은 욥의 부인을 통해 욥을 원망의 범죄로 유인한다. 마치 하와가 아담을 유인한 것과 같이 가장 가까운 이를 통해 역사한다. '그의 아내가 그에게 이르되 당신이 그래도 자기의 온전함을 굳게 지키느냐 하나님을 욕하고 죽으라 그가 이르되 그대의 말이 한 어리석은 여자의 말 같도다 우리가 하나님께 복을 받았은즉 화도 받지 아니하겠느냐 하고 이 모든 일에 욥이 입술로 범죄하지 아니하니라'(욥2:9,10).

'사단의 시험에 든다'는 의미는 **'하나님을 원망하기 쉬운 입장**

에 빠진다'는 것임을 욥기서를 통해 알 수 있다. 원망하고 불평하면 성령의 역사는 제한된다. 욥의 부인이 하나님을 원망하는 것은 너무도 자연스럽기에, 그 누구도 욥의 부인에게 돌을 던질 수 없다. 그러나 영적 법칙에서는 원망하면 성령의 역사가 제한되고, 잎은 마르고 줄기는 약해지고 결과적으로 좋은 열매가 맺지 못하게 된다. 이것은 영적 법칙이다.

십계명을 소중히 여기고 어려운 사람에게 자비를 베푸는 삶은 원망과 거리를 넓혀주고 감사와 거리를 좁혀 준다.

우리는 모두 광야교회에서 가나안 입성을 위한 훈련중에 있다. 광야교회(행7:38)에서 하나님께서 주의 깊게 보는 것은 원망, 불평이다. 이스라엘 민족은 선택된 민족이다. 이스라엘을 축복한 이에게 복을 주실 것이라고 약속하신다(민6:27). 이스라엘 백성은 수천년간, 수십억의 사람들에게 교과서, 헌법서가 되어야 했다. 그러기에 광야교회에서 보상과 처벌은 즉각적으로 이루어졌다. 광야 생활에서 전쟁으로 사망하는 숫자는 미미했으나, 원망으로 사망한 이는 수만 명이었다.

'이튿날 이스라엘 자손의 온 회중이 모세와 아론을 **원망하여** 이르되 너희가 여호와의 백성을 죽였도다 하고… 고라의 일로 죽은 자 외에 염병에 죽은 자가 만 사천칠백 명이었더라'(민16:41,49).

'백성이 하나님과 모세를 향하여 **원망하되** 어찌하여 우리를 애굽에서 인도해 내어 이 광야에서 죽게 하는가 이 곳에는 먹을 것도 없고 물도 없도다 우리 마음이 이 하찮은 음식을 싫어하노라 하매 여호와께서 불뱀들을 백성 중에 보내어 백성을 물게 하시므로 이스라엘 백성 중에 죽은 자가 많은지라'(민21:5,6).

'그들 가운데 어떤 사람들이 **원망하다가** 멸망시키는 자에게 멸망하였나니 너희는 그들과 같이 **원망하지** 말라'(고전10:10). 원망하는 태도에 대한 하나님의 심판을 직접 목격했음에도, 또 원망하고 심판받는 모습이 반복된다. 뇌에 원망 회로(신경망)가 생성되지 않도록 해야 한다. 원망은 손님이 되어야 한다. 원망이 동거인이 되면 안 된다. 원망＝적개심이 내일까지 연장되지 않도록 하자. '한 날의 괴로움은 그 날로 족하니라'(마6:34).

❸ 자족

죄의 시작은 **탐심**으로 인하여 시작되었음을 결코 잊지 말아야 한다(창3:6). 구원의 방향은 **죄의 시작과 반대 방향**이다. 죄의 시작은 탐심이었고 구원의 시작은 탐심의 반대인 자족이다. 광야의 삶의 목적은 어떠한 형편에 처하든지 자족하고 감사하는 태도를 갖는 것이다(빌4:11). 성품이라는 열매는 잘 익어갈수록 자족이라는 향기를 품어낸다.

우리의 신앙은 빌립보서 4장 11절, 12절로 향해야 한다. '어떠한 형편에든지 나는 자족하기를 배웠노니 나는 비천에 처할 줄도 알고 풍부에 처할 줄도 알아 모든 일 곧 배부름과 배고픔과 풍부와 궁핍에도 처할 줄 아는 일체의 비결을 배웠노라'. 위의 말씀은 좋은 열매의 특징을 알려주고 있다. 이런 사람은 '세상이 감당하지 못한다'(히11:38).

바울은 세 번씩이나 간절한 기도를 한다. 그때 직접 하늘에서 응답이 온다. '내 은혜가 네게 족하도다'(고후12:9). 우리의 기도의 많은 응답은 '자족하라'이다. 하늘은 자족하는 마음을 귀하게 보신다. 자족하는 마음을 갖게 되면, 우리의 많은 기도제목들은 사라지게 될 것이다.

다니엘보다 기도의 대가를 크게 치른 신앙인은 없다. 다니엘의 기도 생활은 높은 직책(직장)을 앗아갔고, 심지어 죽음으로 내몰았다. 그럼에도 다니엘은 하나님을 배신하지 않는다. 이러한 의리가 믿음이다. 다니엘이 목숨 걸고 하루 세 번씩 기도한 내용은 무엇일까? 2,500여 년 전 다니엘의 기도는, 오늘날 우리의 기도가 되어야 한다. '다니엘이 이 조서에 왕의 도장이 찍힌 것을 알고도 자기 집에 돌아가서는 윗방에 올라가 예루살렘으로 향한 창문을 열고 전에 하던 대로 하루 세 번씩 무릎을 꿇고 기도하며 그의 하나님께 **감사하였더라**'(단6:10).

Reference

참고 성구

[창3:6] 여자가 그 나무를 본즉 먹음직도 하고 보암직도 하고 지혜롭게 할 만큼 탐스럽기도 한 나무인지라 여자가 그 열매를 따먹고 자기와 함께 있는 남편에게도 주매 그도 먹은지라

[출20:17] 네 이웃의 집을 탐내지 말라 네 이웃의 아내나 그의 남종이나 그의 여종이나 그의 소나 그의 나귀나 무릇 네 이웃의 소유를 탐내지 말라

[민6:27] 그들은 이같이 내 이름으로 이스라엘 자손에게 축복할지니 내가 그들에게 복을 주리라

[민11:1] 여호와께서 들으시기에 백성이 악한 말로 원망하매 여호와께서 들으시고 진노하사 여호와의 불을 그들 중에 붙여서 진영 끝을 사르게 하시매

[민11:34] 그 곳 이름을 기브롯 핫다아와(탐욕의 무덤)라 불렀으니 욕심을 낸 백성을 거기 장사함이었더라

[삼상1:5] 한나에게는 갑절을 주니 이는 그를 사랑함이라 그러나 여호와께서 그에게 임신하지 못하게 하시니

[삼상1:8] 그의 남편 엘가나가 그에게 이르되 한나여 어찌하여 울며 어

찌하여 먹지 아니하며 어찌하여 그대의 마음이 슬프냐 내가 그대에게 열 아들보다 낫지 아니하냐 하니라

[삼하12:13] 다윗이 나단에게 이르되 내가 여호와께 죄를 범하였노라 하매 나단이 다윗에게 말하되 여호와께서도 당신의 죄를 사하셨나니 당신이 죽지 아니하려니와

[삼하12:10] 이제 네가 나를 업신여기고 헷 사람 우리아의 아내를 빼앗아 네 아내로 삼았은즉 칼이 네 집에서 영원토록 떠나지 아니하리라 하셨고

[느5:7] 깊이 생각하고 귀족들과 민장들을 꾸짖어 그들에게 이르기를 너희가 각기 형제에게 높은 이자를 취하는도다 하고 대회를 열고 그들을 쳐서

[시34:18] 여호와는 마음이 상한 자를 가까이 하시고 충심으로 통회하는 자를 구원하시는도다

[왕상21:4] 이스르엘 사람 나봇이 아합에게 대답하여 이르기를 내 조상의 유산을 왕께 줄 수 없다 하므로 아합이 근심하고 답답하여 왕궁으로 돌아와 침상에 누워 얼굴을 돌리고 식사를 아니하니

[겔36:26] 또 새 영을 너희 속에 두고 새 마음을 너희에게 주되 너희 육신에서 굳은 마음을 제거하고 부드러운 마음을 줄 것이며

[단5:27] 데겔은 왕을 저울에 달아 보니 부족함이 보였다 함이요

[욜2:13] 너희는 옷을 찢지 말고 마음을 찢고 너희 하나님 여호와께로 돌아올지어다 그는 은혜로우시며 자비로우시며 노하기를 더디하시며 인애가 크시사 뜻을 돌이켜 재앙을 내리지 아니하시나니

[마3:12] 손에 키를 들고 자기의 타작 마당을 정하게 하사 알곡은 모아

곳간에 들이고 쭉정이는 꺼지지 않는 불에 태우시리라

[마3:17] 하늘로부터 소리가 있어 말씀하시되 이는 내 사랑하는 아들이요 내 기뻐하는 자라 하시니라

[마4:19] 말씀하시되 나를 따라오라 내가 너희를 사람을 낚는 어부가 되게 하리라 하시니

[마7:13] 좁은 문으로 들어가라 멸망으로 인도하는 문은 크고 그 길이 넓어 그리로 들어가는 자가 많고

[마26:41] 시험에 들지 않게 깨어 기도하라 마음에는 원이로되 육신이 약하도다 하시고

[눅2:52] 예수는 지혜와 키가 자라가며 하나님과 사람에게 더욱 사랑스러워 가시더라

[눅8:15] 좋은 땅에 있다는 것은 착하고 좋은 마음으로 말씀을 듣고 지키어 인내로 결실하는 자니라

[눅17:21] 또 여기 있다 저기 있다고도 못하리니 하나님의 나라는 너희 안에 있느니라

[눅18:14] 내가 너희에게 이르노니 이에 저 바리새인이 아니고 이 사람이 의롭다 하심을 받고 그의 집으로 내려갔느니라 무릇 자기를 높이는 자는 낮아지고 자기를 낮추는 자는 높아지리라 하시니라

[요16:8] 그가 와서 죄에 대하여, 의에 대하여, 심판에 대하여 세상을 책망하시리라

[행7:38] 시내 산에서 말하던 그 천사와 우리 조상들과 함께 광야 교회에 있었고 또 살아 있는 말씀을 받아 우리에게 주던 자가 이 사람이라

[롬7:7] 그런즉 우리가 무슨 말을 하리요 율법이 죄냐 그럴 수 없느니라 율법으로 말미암지 않고는 내가 죄를 알지 못하였으니 곧 율법이 탐내지 말라 하지 아니하였더라면 내가 탐심을 알지 못하였으리라

[고전9:26] 그러므로 나는 달음질하기를 향방 없는 것 같이 아니하고 싸우기를 허공을 치는 것 같이 아니하며

[고전10:10] 그들 가운데 어떤 사람들이 원망하다가 멸망시키는 자에게 멸망 하였나니 너희는 그들과 같이 원망하지 말라

[고후2:15] 우리는 구원 받는 자들에게나 망하는 자들에게나 하나님 앞에서 그리스도의 향기니

[갈5:6] 그리스도 예수 안에서는 할례나 무할례나 효력이 없으되 사랑으로써 역사하는 믿음뿐이니라

[갈5:22] 오직 성령의 열매는 사랑과 희락과 화평과 오래 참음과 자비와 양선과 충성과

[엡6:13] 그러므로 하나님의 전신 갑주를 취하라 이는 악한 날에 너희가 능히 대적하고 모든 일을 행한 후에 서기 위함이라

[빌4:11,12] 내가 궁핍하므로 말하는 것이 아니니라 어떠한 형편에든지 나는 자족하기를 배웠노니 나는 비천에 처할 줄도 알고 풍부에 처할 줄도 알아 모든 일 곧 배부름과 배고픔과 풍부와 궁핍에도 처할 줄 아는 일체의 비결을 배웠노라

[히4:12] 하나님의 말씀은 살아 있고 활력이 있어 좌우에 날선 어떤 검보다도 예리하여 혼과 영과 및 관절과 골수를 찔러 쪼개기까지 하며 또 마음의 생각과 뜻을 판단하나니

[딤후4:7] 나는 선한 싸움을 싸우고 나의 달려갈 길을 마치고 믿음을

지켰으니

[히11:38] 이런 사람은 세상이 감당하지 못하느니라 그들이 광야와 산
과 동굴과 토굴에 유리하였느니라

[약1:3] 이는 너희 믿음의 시련이 인내를 만들어 내는 줄 너희가 앎이라

[히12:4] 너희가 죄와 싸우되 아직 피흘리기까지는 대항하지 아니하고

MEMO

2.
마음의 변질

사단은 거짓의 아비이다(요8:44). 사단은 거짓말쟁이다(요8:44). 사단의 속임수의 주요한 작전은 교란 작전(바벨론＝혼잡)이다. 죄책감에 대한 사단의 속임수는 너무도 교묘하여 '멸망으로 인도하는 문'(마7:13)에 대다수의 그리스도인이 따르게 될 것이라고 예언했으며, 현재 그 예언을 눈으로 보고 있는 시대에 살고 있다.

우리는 방향을 잃을 때마다 항상 명심하자. 좋은 열매란 '하나님의 계명들을 소중히 여기고, 어려운 이웃들에게 자비를 베푸는 삶'을 의미한다.

우리는 방향을 잃을 때마다 성경 마지막 책, 마지막 장, 마지막 말씀을 항상 명심하자. '내가 이 두루마리의 예언의 말씀을 듣는 모든 사람에게 증언하노니 만일 누구든지 이것들 외에 더하면 하나님이 이 두루마리에 기록된 재앙들을 그에게 더하실 것이요 만일 누구든지 이 두루마리의 예언의 말씀에서 제하여 버리면 하나님이 이 두루마리에 기록된 생명나무와 및 거룩한 성에 참여함을 제하여 버리시리라'(계22:18,19).

1강. 사단의 전략

성령께서 사람의 구원을 위해 사용하는 메스는 죄책감이다. 죄책감과 수치심은 내 마음 가운데 성령이 역사하고 있음을 의미한다. 사단은 성령의 중요성을 강조하면서, 성령 역사의 증거로 방언에 집중하게 하거나, 죄책감에서 해방된 기쁨에 집중하게 한다.

죄책감이 좋은 열매를 맺는데, 예수님의 성품을 닮아 가는데 너무도 중요하기에, 사단은 거짓 선지자들을 통해 죄책감 혼선에 엄청난 화력을 쏟는다. 죄책감 혼선에는 죄책감 둔감화(계명 약화)와 죄책감 민감화(계명 추가)로 나눌 수 있다.

죄책감 둔감화

❶ 분노하기

죄책감을 받아들이면 수치심을 느끼게 된다. 수치심이라는 감정은 사람을 죽음에 이르게 할 만큼 고통스럽기에 인간은 자연스럽게 수치심을 가져오는 죄책감을 밀어내고자 한다. 성령이 죄책감을 주면 수치심을 느끼고 통회하는 사람이 있고, 반면 성령이 죄책감을 주면 분노로 죄책감을 밀쳐내는 사람이 있다.

가인의 변화를 위해 죄책감과 수치심이 주어졌다(창4:7). 그러나 가인은 수치심을 거절하고 분노(당당함, 체면)를 선택했다(창 4:8). 이집트의 바로 또한 분노를 선택했다(출7:13). 이러한 태도들이 죄인을 점점 강퍅하게 만들고 **성령을 모독**하는 것이다(눅 12:10). 결국 가인과 바로는 하나님께 돌아올 수 없는 상황이 되었다(창4:16). 분노로 수치심은 모면했으나 그들의 마지막은 비참하게 끝난다.

권력을 갖게 되면 죄책감 수용 여부에 대한 선택권도 강해진다. 그래서 권력을 갖게 되면 성품 변화에는 어려운 환경이 될 가능성이 높다. 사울왕은 죄책감을 거부하고 자존심을 지켰으나 그 결과는 참담했다. 다윗은 왕이기에 사울 왕처럼 죄책감을 거부할 수도 있었다. 성령의 역사를 거부하고 죄의 고통에서 자유를 선택할 수도 있었다. 그럼에도 다윗은 끝까지 성령의 음성을 거부하지 않고, 죄책감의 고통(수치)을 인내로 견딘다. 여기에 다윗의 위대함이 있다.

❷ 무마하기

첫째, 죄책감은 수치스럽고 고통스러운 감정이다. 죄책감이란 고통을 벗어나기 위해 다른 죄를 지어 죄책감을 무마시킬 수 있다. 술(마약)로 인한 고통에서 벗어나기 위해 또 해장술(마약)을 마시는 것과 같다.

둘째, 부모 탓, 친구 탓, 환경 탓 등으로 핑계를 대며 죄책감을 무마시킨다(창3:12). 죄책감과 수치심은 핑계를 통해서 흩어버릴 수 있다. 아담과 하와는 책임을 전가함으로 죄책감을 무마시키려 했다.

셋째, '잘못된 구원관'을 통해서 죄책감과 수치심을 덜 수 있다. '구원받았다면 죄책감에서 해방되어야 한다'는 교리로 죄책감을 무마시킨다. 고해성사는 죄책감에서 자유롭게 해주어, 죄책감의 고통 가운데 머물 때 이루어지는 변화의 기회를 놓치게 할 수 있다(고해성사 후에 사제가 지시할 수 있는 보속 즉 참회의 행위는 죄의 중대성과 상황에 따라 다양할 수 있다. 가장 흔한 보속 중 하나는 특정 기도를 바치는 것이다. 예를 들어, 사제가 '주기도문'이나 '성모송'을 몇 차례 바치도록 지시할 수 있다).

넷째, 존경받는 지도자의 죄악은 평신도의 죄책감과 수치심을 둔감하게 한다. 다윗의 성범죄는 많은 이들로 성범죄에 대한 죄책감과 수치심을 무마시켰다. 암논의 대범하고 패륜적 성범죄도 다윗의 성범죄와 연관이 없다 할 수 없다. 그러기에 다윗에 대한 하나님의 처벌은 상상할 수 없이 컸다.

다섯째, 다수가 악을 행하면 죄책감이나 수치심을 덜게 한다. 청소년 범죄의 특징은 단독범죄가 아닌 집단범죄가 흔하다는 것이다. 함께 하면 죄책감이 줄어들게 되어 쉽게 행동으로 옮길 수 있다. '다수를 따라 악을 행하지 말며'(출23:2).

여섯째, 죄책감을 일으키는 계명에 대하여 공격을 하는 것이다. 법이 약화 되면 죄책감도 약화 된다. 계명에 대한 유언비어를 퍼뜨려 부정적 이미지로 몰아간다. 결과적으로 신앙에 근간이 되는 계명에 대한 폐지나 변경 시에도 놀라거나 저항하지 않는다. 다니엘서에 나오는 무섭고 놀라운 넷째 짐승의 전략은 '때와 법을 고치'(단7:25)는 것이다. 로마교회는 때(성경 명절들)와 법(십계명)의 변경을 공식적으로 공포했으나, '온 땅이 놀랍게 여겨'(계13:3) 따르고 있다. 현재는 로마교회가 변경한 때와 법은 기독교를 대표하는 행사로 자리 매김하였다. 넷째 짐승은 '성도들과 더불어 싸워 그들에게 이'(단7:21)기었다.

이렇듯 온갖 다양한 수단을 동원하여 죄책감을 무마시키면, 결과적으로 성령의 역사를 방해하여 변화의 기회를 놓치게 된다.

&   **죄책감 민감화**

사단은 불필요한 죄책감을 준다. 갖지 말아야 할 수치심을 갖게 한다. 갖지 말아야 할 부분에 죄책감을 갖게 되어 민감해지면, 다양한 문제 증상이 나타난다.

죄책감 둔감화는 **성장을 멈추게** 한다. 이에 비해 죄책감 민감화는 **부적절한 그리스도인으로 성장**시킨다. 부적절한 죄책감을 갖게 되면 **부적절한 그리스도인으로 재창조**된다.

그리스도인이 된 후 세상 사람들과 어울리지 못하는 이유는 모세와 같이 빛이 나서가 아니다(출34:30). 그들의 부적절한 태도, 비상식적 태도로 인해 가족, 동료, 친구들이 가까이하기를 꺼리는 것이다.

❶ 초대교회 총회의 결론

초대교회 때 첫 번째 총회의 교훈을 잊지 말아야 한다. 예루살렘 첫 총회의 결론은 우리의 신앙에 많은 것을 시사한다. 첫 시작이 너무도 중요하기에 40년 광야 기간에 엄한 처벌들이 내려졌다. 이와 같이 첫 교회 시작이 너무도 중요하기에 아나니아와 삽비라 부부의 거짓말에 사형이라는 엄한 처벌이 내려진다(행5:5,10).

성경이 제시하는 기준보다 더 엄격한 신앙이 우리를 더 거룩하게 한다면, 성경이 제시하는 기준보다 더 엄격한 신앙을 하늘이 기뻐한다면, 첫 총회에서 높은 기준을 제시했을 것이다.

'성령과 우리는 이 요긴한 것들 외에는 아무 짐도 너희에게 지우지 아니하는 것이 옳은 줄 알았노니'(행15:28).

'요긴한 것들 외에 아무 짐도 지우지 말라'. 예루살렘 총회의 결정을 듣고 기쁨으로 달려가는 바울의 모습을 잊지 말아야 한다. 이방인 신자들이 총회의 결정을 듣고 기뻐하는 모습을, 성경은 즐거이 기록하고 있음을 잊지 말아야 한다(행15:31).

초대교회 때와 같이 역사는 반복된다. 새로운 영혼들에게 구원에 대한 불안감을 조성하여 '무거운 짐'을 주는 열심이 특심한 분들이 있다(마23:4). 그분들의 열심은 올바른 지식을 따른 것이 아니다(롬10:2). 죄책감으로 마음밭이 부드럽게 될 때, 사단에게도 중요한 기회이다. 부드러워진 밭에 '원수가 뿌린'(마13:25) 씨가 심겨지면, 시간이 지날수록 부적절한 그리스도인으로 재창조 된다.

❷ 마지막 때에 사단의 전략

우리는 반드시 '자기 십자가'(마10:38), '예수님의 멍에'(마11:29)를 져야 한다. '요긴한 것 외에 짐'을 지게 되면, 우리가 꼭 져야 할 '예수님의 멍에' '요긴한 짐'을 질 수 없게 된다(행15:28). 이것이 사단의 교묘한 전략이다.

'하나님의 참된 목자들은 독신의 삶으로 헌신해야 한다', '하나님의 참된 백성들은 다니엘처럼 고기를 금해야 한다' 이러한 가르침은 존경스럽고 경건해 보인다.

하나님께서 세우지 않은 높은 기준을 내세우는 열심과 헌신은 **'하나님의 의'**가 아닌, **'자기의 의를 세우'**는 것이다(롬10:3). '자기의 의'를 세워 귀한 영혼들을 넓은 문으로 미혹한 거짓 선지자들에게, 하나님의 진노가 있을 것이다(계19:20). 거짓 교리는 100%가 거짓이 아니다. 사단은 거짓의 아비이다. 거짓 교리에도 말씀에 은혜가 있고, 눈물이 있고, 치유의 감격이 있다. '거짓 그리스도들과 거짓 선지자들이 일어나 큰 표적과 기사를 보여 할 수만 있으면 택하신 자들도 미혹하리라'(마24:24).

하나님은 아담과 하와의 결혼을 주례하셨고 축복하셨다(창 2:22,24). 하나님은 창세기 24장을 이삭의 결혼에 관한 내용으로 채우고 있다. 결혼에 관한 수많은 책망이 있음에도, 성경 어디에서도 결혼제도를 금하지 않는다.

고기가 없다고 원망하는 이들에 대한 격한 책망이 있음에도, 성경 어디에서도 고기를 금하지 않는다. '네 마음에 고기를 먹고자 하여 이르기를 내가 고기를 먹으리라 하면 네가 언제나 마음에 원하는 만큼 고기를 먹을 수 있으리니(신12:20)'.

예수님보다 앞서가도록 가르치는 수많은 지도자들이 있다. 예수님은 앞서가는 열성적인 그리스도인들을 **'강도'**라고 선언하신다. ‘나보다 먼저 온 자는 다 절도요 강도니 양들이 듣지 아니하였느니라’(요10:17). 바울은 거짓 선생의 경건의 모양에 속지 말고, 나오라고 간곡히 호소한다. ‘경건의 모양은 있으나 경건의 능력은 부인하니 이 같은 자들에게서 네가 돌아서라’(딤후3:5).

바울은 디모데전서 4장 1절에 ‘후일에’, ‘in the latter times’(KJV), ‘마지막 때에’(표준새번역), ‘결혼하지 말라’, ‘어떤 음식을 먹지 말라’며 과도한 신앙심으로, 불필요한 죄책감을 주는 가르침이 나타날 것이라 경고한다. 사단은 성경에 없는 기준으로 성령의 음성을 듣는데 혼선을 준다.

‘어떤 음식을 먹지말라’ 가르침은, ‘미혹하는 영의 가르침이다’(딤전4:1) ‘귀신의 가르침이다’(딤전4:1)고 바울은 말한다. ‘어떤 음식을 먹지말라’ 가르치는 선생들을, 바울은 ‘양심의 화인 맞은 자들이다’(딤전4:2). ‘거짓말하는 자들이다’(딤전4:2)는 가혹한 표현을 쓴다. 우리는 디모데전서 4장의 예언이 이루어지고 있음을 눈으로 보고 있는 시대에 살고 있다.

❸ 높은 기준
사단은 예수님 때부터 지금까지 성경 말씀을 제하거나 성경 말씀에 다른 말씀을 더하므로 수많은 그리스도인들을 넘어지게 하고 있다. 지금도 역사는 반복되고 있다.

사두개인들은 모세오경 외의 다른 성서는 경전에서 **제외하므로** 성령의 역사를 훼방하였다. 사두개인들은 토라 즉 모세오경만을 유일한 종교적 권위로 인정했다. 현재 많은 목회자들은 공개적으로 구약의 폐지를 자랑스럽게 주장하고 있다. 그럼에도 대다수는 이상히 여기지 않고 따라간다.

바리새인들은 성경에 없는 **말씀을 더하여** 부적절한 죄책감을 줌으로 성령의 역사를 훼방하였다. 사단은 잘못된 죄책감을 주기 위해 지엽적인 성경 말씀에 매달리게 한다. 사단은 잘못된 죄책감을 주기 위해 성경에 없는 높은 기준(교리나 선지자)에 매달리게 한다. 높은 기준을 갖게 되면 부적절한 상식을 갖게 된다. 부적절한 그리스도의 삶을 보는 이웃들과 가족들은 교회에 대한 거부감을 갖게 된다. 신앙생활에 '들어가려 하는 자도 들어가지 못하게' 된다(마23:13).

예수님께서는 '더 높은 기준의 안식일 준수', '더 높은 기준의 식생활'을 강조하는 바리새인들을 결코 칭찬하지 않으셨다. 그들을 격하게 질책하셨다. 성경이 세우지 않은 엄격한 기준으로 백성을 가르친 바리새인 선생들에게, 온유하신 예수님께서 거친 표현을 사용하여 7번씩이나 저주하신다. '화 있을진저 외식하는 서기관들과 바리새인들이여'(마23:13~29).

심판 때에 높은 기준을 따라, 인생의 많은 기쁨을 스스로 제한하며 살아온 그리스도인들에게 말씀하신다. '불법을 행하는 자들아 내게서 떠나가라'(마7:23). '화 있을진저 외식하는 서기관들과 바리새인들이여 너희는 천국 문을 사람들 앞에서 닫고 너희도 들어가지 않고 들어가려 하는 자도 들어가지 못하게 하는도다'(마 23:23).

사단의 속임수가 얼마나 큰지! '거짓 그리스도들과 거짓 선지자들이 일어나 할 수만 있으면 택하신 자들도 미혹하리라'(마 24:24). 그들의 소중한 인생, 수많은 세월, 그 누가 보상할 수 있을까? 거짓 선생들을 쫓아감으로 놓쳐버린 진리의 기쁨, 가정의 화목, 교제의 기쁨은 그 무엇으로 보상할 수 있을까?.

예수님께서 오실 때 '착하고 충성된 종'이라는 칭찬을 들을 것이라 기대했는데, '내가 너희를 도무지 알지 못한다'는 말을 들을 때 그 분노감은 얼마나 클까?. 그 분노감은 거짓 선지자, 거짓 선생들에게 향할 가능성이 높다. 야고보는 '형제들아 너희는 선생된 우리가 더 큰 심판을 받을 줄 알고 선생이 많이 되지 말라'(약 3:1)고 말한다.

하늘도 거짓 선지자들에 대한 분노감이 얼마나 컸으면 거짓 선지자들을 유황불 호수에 던진다고 강력하게 경고한다(계19:20). 심지어 유황불 호수에 산채로 던진다는 섬뜩한 표현을 쓰고 있다. 거짓 선지자들에 대한 하늘의 분노감이 얼마나 큰지를 짐작할 수 있는 표현이다.

신앙을 할수록 더 부적절해진 자신을 보면서, 신앙을 할수록 소중한 이들과 멀어져 가는 것을 보면서, 신앙에 대한 깊은 회의감을 갖게 된다. '이에 이르되 내가 나온 내 집으로 돌아가리라 하고 와 보니 그 집이 비고 청소되고 수리되었거늘 이에 가서 저보다 더 악한 귀신 일곱을 데리고 들어가서 거하니 그 사람의 나중 형편이 전보다 더욱 심하게 되느니라'(마12:44,45).

사단은 예수님 때부터 지금까지 성경 말씀을 제하거나 성경 말씀에 다른 말씀을 더하므로 수많은 그리스도인들을 넘어지게 하고 있다. 사두개인들은 유대교의 전통적인 권위 있는 성경인 토라, 즉 모세오경만을 유일한 종교적 권위로 인정했다. 모세오경 외의 다른 성서들, 즉 예언서나 기타 경전들을 성경으로 인정하지 않았다. 바리새인들은 성경에 없는 규칙들을 통해 부적절한 죄책감을 통해 성령의 역사를 훼방하였다. 지금도 역사는 반복되고 있다.

Reference
참고 성구

[**창2:22,24**] 여호와 하나님이 아담에게서 취하신 그 갈빗대로 여자를 만드시고 그를 아담에게로 이끌어 오시니 ～ 이러므로 남자가 부모를 떠나 그의 아내와 합하여 둘이 한 몸을 이룰지로다

[**창3:12**] 아담이 이르되 하나님이 주셔서 나와 함께 있게 하신 여자 그가 그 나무 열매를 내게 주므로 내가 먹었나이다

[**창4:7**] 네가 선을 행하면 어찌 낯을 들지 못하겠느냐 선을 행하지 아니하면 죄가 문에 엎드려 있느니라 죄가 너를 원하나 너는 죄를 다스릴지니라

[**창4:8**] 가인이 그의 아우 아벨에게 3)말하고 그들이 들에 있을 때에 가인이 그의 아우 아벨을 쳐죽이니라

[**창4:16**] 가인이 여호와 앞을 떠나서 에덴 동쪽 놋 땅에 거주하더니

[**출7:13**] 그러나 바로의 마음이 완악하여 그들의 말을 듣지 아니하니 여호와의 말씀과 같더라

[**출34:30**] 아론과 온 이스라엘 자손이 모세를 볼 때에 모세의 얼굴 피부에 광채가 남을 보고 그에게 가까이 하기를 두려워하더니

[**단7:25**] 그가 장차 지극히 높으신 이를 말로 대적하며 또 지극히 높으

신 이의 성도를 괴롭게 할 것이며 그가 또 때와 법을 고치고자 할 것이며 성도들은 그의 손에 붙인 바 되어 한 때와 두 때와 반 때를 지내리라

[마7:13] 좁은 문으로 들어가라 멸망으로 인도하는 문은 크고 그 길이 넓어 그리로 들어가는 자가 많고

[마10:38] 또 자기 십자가를 지고 나를 따르지 않는 자도 내게 합당하지 아니하니라

[마11:29] 나는 마음이 온유하고 겸손하니 나의 멍에를 메고 내게 배우라 그리하면 너희 마음이 쉼을 얻으리니

[마13:25] 사람들이 잘 때에 그 원수가 와서 곡식 가운데 가라지를 덧뿌리고 갔더니

[마23:4] 또 무거운 짐을 묶어 사람의 어깨에 지우되 자기는 이것을 한 손가락으로도 움직이려 하지 아니하며

[마23:13] 화 있을진저 외식하는 서기관들과 바리새인들이여 너희는 천국 문을 사람들 앞에서 닫고 너희도 들어가지 않고 들어가려 하는 자도 들어가지 못하게 하는도다

[눅12:10] 누구든지 말로 인자를 거역하면 사하심을 받으려니와 성령을 모독하는

[요8:44] 너희는 너희 아비 마귀에게서 났으니 너희 아비의 욕심대로 너희도 행하고자 하느니라 그는 처음부터 살인한 자요 진리가 그 속에 없으므로 진리에 서지 못하고 거짓을 말할 때마다 제 것으로 말하나니 이는 그가 거짓말쟁이요 거짓의 아비가 되었음이라

[행5:5] 아나니아가 이 말을 듣고 엎드러져 혼이 떠나니 이 일을 듣는

사람이 다 크게 두려워하더라

[행5:10] 곧 그가 베드로의 발 앞에 엎드러져 혼이 떠나는지라 젊은 사람들이 들어와 죽은 것을 보고 메어다가 그의 남편 곁에 장사하니

[행15:28] 성령과 우리는 이 요긴한 것들 외에는 아무 짐도 너희에게 지우지 아니하는 것이 옳은 줄 알았노니

[행15:31] 읽고 그 위로한 말을 기뻐하더라

[롬10:2,3] 내가 증언하노니 그들이 하나님께 열심이 있으나 올바른 지식을 따른 것이 아니니라 하나님의 의를 모르고 자기 의를 세우려고 힘써 하나님의 의에 복종하지 아니하였느니라

[딤전4:2] 자기 양심이 화인을 맞아서 외식함으로 거짓말하는 자들이라

[계13:3] 그의 머리 하나가 상하여 죽게 된 것 같더니 그 죽게 되었던 상처가 나으매 온 땅이 놀랍게 여겨 짐승을 따르고

[계19:20] 짐승이 잡히고 그 앞에서 표적을 행하던 거짓 선지자도 함께 잡혔으니 이는 짐승의 표를 받고 그의 우상에게 경배하던 자들을 표적으로 미혹하던 자라 이 둘이 산 채로 유황불 붙는 못에 던져지고

[계22:18,19] 내가 이 두루마리의 예언의 말씀을 듣는 모든 사람에게 증언하노니 만일 누구든지 이것들 외에 더하면 하나님이 이 두루마리에 기록된 재앙들을 그에게 더하실 것이요 만일 누구든지 이 두루마리의 예언의 말씀에서 제하여 버리면 하나님이 이 두루마리에 기록된 생명나무와 및 거룩한 성에 참여함을 제하여 버리시리라

MEMO

2강. 관계의 갈등

사단은 잘못된 구원관을 통해서 관계의 갈등을 조장한다. 죄의 결과로 하나님과 사람 사이, 그리고 사람과 사람 사이의 갈등이 생겼다. 구원은 하나님과 사람 사이, 사람과 사람 사이의 관계를 회복하는 것이다. 관계가 깨지면 그곳이 가정이든, 학교이든, 교회이든, 직장이든 지옥이 된다. 관계가 좋으면 그곳이 병원이든, 감옥이든, 사막이든 작은 천국이 된다.

좋은 관계

조지 베일런트 교수는 하버드 대학 70여 년간 종단연구의 40년 간 책임자였다(하버드대학교 성인 발달연구는 1938년부터 70년간 추적 관찰하는 세계 최장기 전향적 종단연구로, 하버드대학교 2학년 남성 268명, 서민 남성 456명, 재능이 뛰어난 여성 90명이 포함됨. 사업가 윌리엄 토머스 그랜트가 연구를 후원하여 '그랜트 연구'로 불렸음). 조지 베일런트 교수는 종단연구를 통해 인생에서 행복의 핵심은 **'좋은 관계'**임을 발견했다. '이제부터는… 너희를 친구라 하였노니'(요15:15). 좋은 관계의 최고 표현은 친구이다.

대인관계는 가장 큰 행복의 조건이면서, 반면에 관계갈등은 사람을 죽음으로 내몰게 된다. 가정 내 극한 갈등으로 인한 스트레스 때문인지 사라, 리브가, 라헬 모두, 남편보다 일찍 사망한다. 하나님을 섬기는 우리의 삶이, 갈등이 연속인 것은 결코 이상한 것이 아님을, 믿음의 조상들의 삶을 통해 말씀하시며 우리를 위로하신다.

하나님은 인간을 서로 협력하도록 창조하셨다(창2:18). 인간은 혼자서 할 수 있는 것은 극히 일부이고 대부분은 협력을 통해서 성취할 수 있다. 심지어 성품 변화도 협력을 통해서 이루어진다. 가정이나, 직장, 삶 곳곳에서 끊임없이 협력이 요구된다. 죄가 들어온 이후 인간관계는 협력관계에 배신이 추가되었다. 인간관계는 '협력과 배신' 두 가지 선택의 연속이다. 현명한 이들은 동업, 결혼, 친구 관계에 들어가기 전에, 쉽게 배신하지 않을 사람인지 점검(test)하는 시간을 가지므로 갈등을 최소화하기 위해 노력한다. 믿음은 나에게 큰 손실이나 손해가 있을지라도, 심지어는 목숨을 잃을지라도 관계를 유지하는 것이다. 그러기에 중요한 관계를 맺기 전, 많은 기도, 선배들의 조언들, 테스트(시험, 확인)의 과정이 필요하다.

인생이란 바다에서 갈등이라는 파도가 없을 수 없다. 갈등이라
는 파도를 다루기 위해서는 건강한 상식과 전략이 필요하다 (갈등
다루기는 1970년대 미국 Kenneth W. Thomas와 Ralph H. Kilmann의 연
구를 통해 만들어진 갈등관리유형검사 이론을 바탕으로 접근한 내용임).

두 사람 간의 이해관계가 대립하면 인간은 2가지 차원으로 행
동한다. 한 차원은 자신의 주장(목표나 의견)을 관철시키는데 집중
한다(자기 주장성). 또 다른 차원은 상대의 주장(목표나 의견)을 만
족시켜 주는 데 집중한다(타인 수용성). 이상적인 갈등 해결 방식은
갈등 상황에 따라 자기 주장성과 타인 수용성을 적절하게 배분하
는 것이다. 자기 주장성이 높으면 수용이 필요한 상황에 불필요한
투쟁으로 인해 갈등이 더 깊어질 수 있다. 타인 수용성이 높으면
투쟁이 필요한 상황에 상당한 스트레스와 압박감을 느낄 수 있다.

❶ 투쟁
투쟁(competing)은 자신의 의견이나 주장을 강력하게 주장하는
것이다. 투쟁은 시간적 여유가 없는 위급한 상황, 양보할 수 없는
가치, 양보하게 되면 극심한 손해가 예상될 때 사용된다. 투쟁이
필요할 때 권한을 제대로 사용하지 못하면, 주변 사람들은 고통이
나 분노를 느낄 수 있다.

양보하면 안 되는 가치가 있을 시에는 다니엘과 에스더처럼 '죽으면 죽으리라'(단6:16, 에4:16)는 태도로 투쟁(자기주장)할 수 있어야 한다. 기도하는 모세의 손도 위대하나 칼을 들고 투쟁하는 여호수아도 하나님의 명령을 수행하고 있는 것이다(출17:12,13). 투쟁에는 타인 수용성은 요구되지 않으며 자기 주장성이 필요하다. 투쟁 시 갈등의 증폭, 관계 파탄 등을 각오해야 한다.

투쟁 시에는 분노에 압도당하여 말하거나 행동하게 되면 상대에게 되치기, 역공의 빌미를 제공하게 되어 갈등 증폭에 억울함과 자책감이라는 혹이 가중될 수 있다. 이미 엎질러진 물이라면 투쟁은 의미가 없다. 이미 엎질러진 물일 경우에는 의미 없는 2차 화살(감정을 억제하지 못해 쏟아낸 말로 인해 다른 문제 유발 – 아이 싸움이 어른 싸움 되게 하는 언어, 빈대 잡으려다 초가삼간을 태우는 언어)을 쏘지 말라.

미국 존 가트맨 박사는 투쟁 시 비난(상대의 성격적 약점, 무능함, 과거 잘못 등을 언급함)은 갈등을 증폭시키는 인자임을 발견했다(부부 갈등 대가인 가트맨 심리학박사는 39년간 3,600쌍의 부부를 비디오 관찰 등으로 연구한 결과, **이혼과 성격 차와의 상관관계는 적고, 싸우는 방식 때문에 갈등이 증폭**된다는 것을 발견함). 분노에 압도당하여 비난이나 상대 탓을 하게 되면 갈등은 증폭된다.

투쟁 시에는 매너가 매우 중요하다. 포장지가 매우 중요하다.

투쟁 시 상대가 화가 나는 이유는 포장지 때문일 수 있다. 상대가 반발하는 것은 훈계 내용 때문이 아니라 비난하는 목소리 톤, 빠른 말투, 고성 때문일 수 있다. 내용물이 거친 것(훈계, 충고, 질책 등)인데, 포장지까지 거칠면 갈등이 증폭될 수 있다.

❷ 수용

수용(accommodating)은 상대의 목표나 의견을 따라 줌으로 나의 목표나 의견을 양보하는 것이다. 수용에서는 자기 주장성은 필요하지 않으며 타인 수용성이 요구된다. 수용은 관대하며 자기희생적이다. 수용은 자신이 원하는 것을 얻는 것보다 관계 유지가 더 중요할 때 선택된다. 수용은 상대가 나보다 한 수 위거나, 당면한 갈등이 나보다 상대방에게 더 중요한 이슈일 때 필요하다.

갈등 시 상대방의 의견에 맞추는 수용만 선택한다면, 유능감 부족, 주장성 부족 때문인지 살펴보아야 한다. 교회에서는 갈등 해결 방법으로 '수용'을 권장하는 경향이 있다. 그러나 갈등으로 고민하는 교우에게 '이 또한 지나가리', '잊어버리세요', '믿음으로 이겨 내세요', '용서하세요', 등 '수용'을 강권하는 것은 신중해야 한다.

❸ 협력

협력(collaborating)은 서로의 의견을 받아들여 갈등하는 양쪽의 욕구를 모두 채우기 위해서 제3의 대안(win-win)을 도출하는 것이다(참고 : 타협(compromise)은 서로의 양보로 갈등하는 양쪽 손실과 이익이 있으며 양쪽 힘이 동등할 때 주로 사용된다). 협력을 위해서는 훌륭한 상식, 시간적 여유가 요구된다. 협력을 위해서는 양쪽의 차이점 조사, 양쪽의 동기와 목표에 대한 이해, 개방적 대화 등이 필요하므로 자기 주장성과 타인 수용성 모두 요구된다. 협력은 갈등 이슈가 매우 중요하면서, 시간적 여유가 있을 때 사용한다.

협력에는 인간관계에 대한 건강한 상식이 필요하다. 솔로몬이 두 여인의 갈등을 해결하기 위해 사용한 것은 신비한 능력이 아닌, 건강한 상식이었다. 신비한 능력으로 문제를 해결했다면 지금까지 온 세상에 울림을 줄 수 없다. 때에 맞는 건강한 상식을 생각나게 하시는 분은 성령이시다.

❹ 회피

회피(avoidance)는 자신과 타인 모두 목표 달성을 늦추는 방식이다. 회피는 갈등 상황이 중요하지 않을 때, 상대(국가, 권력자, 재력가, 인사권자 등)가 매우 강해 목표를 성취할 가능성이 희박한 경우, 갈등 상황이 위협적일 때, 정면충돌 시 얻는 것보다 잃을 게 많을 때 사용된다.

회피는 갈등을 방관하거나, 호전될 때까지 기다린다. 회피는 기다리는 동안 나의 마음을 추스르거나, 상대의 감정을 진정시키거나, 필요한 정보를 수집할 수 있다.

❺ 불교 vs 기독교

불교의 갈등 관리 핵심은 회피이다. 상념(깊은 생각)으로 괴로움이 오기 때문에 생각을 없애(무념 : 생각을 없앤다)거나 생각을 옅게 만드는 방법(명상 : 冥想은 어두울 명, 생각 상으로 명상은 생각을 어둡게 한다는 의미이다)을 사용한다. 주요한 갈등 발생지인 가정, 직장을 뒤로 하고 깊은 산으로 올라간다. 가정, 직장을 뒤로하는 것은 갈등을 일으키는 관계를 최소화, 단순화하는 것이다.

기독교는 산에서 세상으로 내려간다. 기독교는 갈등 가운데 좋은 관계(좋은 열매)를 이루라고 하신다. 구원은 죄로 깨진 관계가 회복되는 것이다. 예수님은 새벽 미명에 홀로 기도한 후에, 세상 속으로 들어가신다. 일주일에 하루는 하나님 안에서 안식을 누린 후, 엿새 동안은 세상의 사람들 속으로 들어간다. 제자들은 변화 산에서 하늘과 교류하는 시간이 너무 좋기에 초막을 짓고 산속에서 거하자고 요청한다(막9:5). 그러나 예수님은 갈등으로 시끄러운 삶의 현장으로 내려가신다(막9:14). 기독교는 갈등 가운데 승리할 것을 요청한다. 갈등 가운데, 죽음을 각오하고 투쟁하기를 원한다(마16:25). 갈등 가운데, 수용하기를 원한다(요8:7). 갈등 가운데, 따로 한적한 곳에서 회피함으로 충전하기를 원하신다(마17:1). 갈등 가운데 타협하기를 원한다(눅20:25).

갈등 예방

❶ 인사 예절

관계갈등은 의견 차이에 의해서 시작되나, 관계 손상은 목소리 톤과 표정 때문이다. 갈등 시 목소리 톤과 표정에 각별히 신경 써야 한다. 이것은 속이는 것이 아니라 기본 예의이다. 갈등은 어떤 것에 대한 의견 차이가 아닌 평상시 관계의 결과이다. 평상시 불편한 감정이 누적되지 않도록 해야 한다. 그러기 위해서 무엇보다 인사(사람 人, 섬길 事) 예절이 잘 이루어져야 한다.

인사는 상대를 인정하는 것, 상대를 존중하는 것을 의미한다. 인간은 누구나 인정받고자 하는 욕구가 있어, 상대가 무시한다는 생각이 들면 분노가 올라오는 것은 자연스러운 것이다. 평상시 인사 예절만 잘 이루어져도, 직장, 교회, 가정에서 갈등의 50%는 줄일 수 있다. 하나님의 말씀을 논하면서, 세상의 인사 예절도 모르는 그리스도인은 세상의 비웃음이 된다. 그리스도인이 어떤 사람과는 인사도 주고받지 않는다는 것은 어불성설(語不成說 – 이치에 맞지 않아 말이 도무지 되지 않음)이다.

심리 과장으로 재직할 때 일이다. 심리과에 7명의 선생님들이 있었다. 한 선생님의 인사 태도가 매우 거슬렸다. 상사인 나를 빤히 쳐다보거나, 인사할 때도 고개를 까딱하는 것이었다. 개인적으로 불러 질책을 했으나 개선되지 않았다. 나중에 곰곰이 생각해 보니, 나를 존중하지 않아서라기보다, 그런 예절을 모르기 때문이라는 것을 인지하게 되었다. 또한 나에게 인사 예절에 대한 높은 기준(기대치)이 있음을 인지하게 되었다.

가정, 교회, 직장에서 인사 예절 교육 시간을 꼭 가져야 한다. 인사 예절에는 5도(목례＝目禮＝눈인사), 15도, 45도 인사가 있다. 아침(출근 시) 첫 만남 시에는 15도 인사, 또 마주칠 때는 목례(5도)로 인사한다. 감사 표현이나 중책을 맡은 분에게는 45도 인사를 한다. 인사가 중요하지만, 아랫사람에게 15도 인사를 하는 것은 자연스럽지 않다. 인사말은 고개를 숙이면서 동시에 하지 않는다. 2～3미터 거리 → 눈 맞춤 → 인사말 → 고개 숙이기 순서로 인사한다.

인사 예절에는 목소리 톤도 중요하다. 하루 중 처음 만날 때는 크고 밝은 톤으로 인사한다. 일상생활에서는 '감사합니다', '수고하십니다'라는 인사로 상대를 존중해 주자. 특히 식사를 준비하는 분, 청소하는 분, 운전하는 분에게 '감사합니다', '수고하십니다'로 상대의 노고를 인정해 주어야 한다. 자신의 노고를 인정만 받아도, 수고를 잊고 행복해하는 이가 생각보다 많다. 5초의 배려가 5분의 행복을 줄 수 있다. 윗사람에게는 '고생하십니다', '수고하십니다' 등의 표현은 부적절하나, 부적절할지라도 부족한 것보다 낫다.

❷ 사회적 연기

블레셋 아기스왕이 이스라엘 사울왕을 치러갈 때 일이다. 사울왕을 피해 아기스의 보호와 은혜를 입고 있는 다윗에게는 큰 위기였다. 이스라엘 적인 아기스왕을 따라가 자기 민족을 칠 수 없었다. 그렇다고 대놓고 함께 가지 않겠다고 말 할 수 없는 상황이었다. 다윗이 자신의 감정을 있는 그대로 아기스왕에게 표현하면 어떻게 되었을까? 다윗의 정직함에 아기스왕이 감동을 받았을까?

우리의 감정을 있는 그대로 드러내면 갈등이 더 많아진다. 감정에 솔직한 것을 위대하게 평가하는 것은 어리석은 것이다. 우리의 감정을 있는 그대로 드러내는 것이 정직한 그리스도인이 아니다. 느헤미야가 어두운 감정을 왕에게 들켰을 때 큰 공포를 느꼈다. 과거 왕이 다스리는 시대에는 왕 앞에 자신의 감정, 특히 불편한 감정을 드러내면 사형을 당할 수 있었다.

다윗의 두 번의 걸친 **미친 연기**는 왕과 왕의 신하들마저도 속일 정도였다(삼상21:3, 삼상29:8). 요셉의 **점치는 연기**는 형제들을 떨게 할 정도로 자연스러웠다(창44:15). 바로에게 거짓말한 산파들에게 하나님께서는 은혜를 베푸신다(출1:19,20). 여리고 군인들에게 거짓말한 라합은 예수님의 조상이 되었다(수2:4, 마1:5).

직장이나 학교 등 조직 생활에서는 감정을 있는 그대로 드러내기보다는 감추어야 하는 상황이 더 적절한 경우가 대부분이다. 항상 자신의 감정을 감추며 가면(페르소나)을 쓰고 있으면 심신(心身)의 건강에 바람직하지 않다. 교회나 가정은 통제해 왔던 감정을 드러내고 함께 기도하는 안전한 시간이 매주 있어야 한다.

Reference
참고 성구

[창2:18] 여호와 하나님이 이르시되 사람이 혼자 사는 것이 좋지 아니하니 내가 그를 위하여 돕는 배필을 지으리라 하시니라

[창44:15] 요셉이 그들에게 이르되 너희가 어찌하여 이런 일을 행하였느냐 나 같은 사람이 점을 잘 치는 줄을 너희는 알지 못하였느냐

[출1:19,20] 산파가 바로에게 대답하되 히브리 여인은 애굽 여인과 같지 아니하고 건장하여 산파가 그들에게 이르기 전에 해산하였더이다 하매 하나님이 그 산파들에게 은혜를 베푸시니 그 백성은 번성하고 매우 강해지니라

[출17:12,13] 모세의 팔이 피곤하매 그들이 돌을 가져다가 모세의 아래에 놓아 그가 그 위에 앉게 하고 아론과 훌이 한 사람은 이쪽에서, 한 사람은 저쪽에서 모세의 손을 붙들어 올렸더니 그 손이 해가 지도록 내려오지 아니한지라 여호수아가 칼날로 아말렉과 그 백성을 쳐서 무찌르니라.

[수2:4] 그 여인이 그 두 사람을 이미 숨긴지라 이르되 과연 그 사람들이 내게 왔었으나 그들이 어디에서 왔는지 나는 알지 못하였고

[삼상21:13] 그들 앞에서 그의 행동을 변하여 미친 체하고 대문짝에 그

적거리며 침을 수염에 흘리매

[삼상29:8] 다윗이 아기스에게 이르되 내가 무엇을 하였나이까 내가 당신 앞에 오늘까지 있는 동안에 당신이 종에게서 무엇을 보셨기에 내가 가서 내 주 왕의 원수와 싸우지 못하게 하시나이까 하니

[에4:16] 당신은 가서 수산에 있는 유다인을 다 모으고 나를 위하여 금식하되 밤낮 삼 일을 먹지도 말고 마시지도 마소서 나도 나의 시녀와 더불어 이렇게 금식한 후에 규례를 어기고 왕에게 나아가리니 죽으면 죽으리이다 하니라

[단6:16] 이에 왕이 명령하매 다니엘을 끌어다가 사자 굴에 던져 넣는지라 왕이 다니엘에게 이르되 네가 항상 섬기는 너의 하나님이 너를 구원하시리라 하니라

[마1:5] 살몬은 라합에게서 보아스를 낳고 보아스는 룻에게서 오벳을 낳고 오벳은 이새를 낳고

[마16:25] 누구든지 제 목숨을 구원하고자 하면 잃을 것이요 누구든지 나를 위하여 제 목숨을 잃으면 찾으리라

[마17:1] 엿새 후에 예수께서 베드로와 야고보와 그 형제 요한을 데리시고 따로 높은 산에 올라가셨더니

[막9:5,14] 베드로가 예수께 고하되 랍비여 우리가 여기 있는 것이 좋사오니 우리가 초막 셋을 짓되 하나는 주를 위하여, 하나는 모세를 위하여, 하나는 엘리야를 위하여 하사이다 하니… 이에 그들이 제자들에게 와서 보니 큰 무리가 그들을 둘러싸고 서기관들이 그들과 더불어 변론하고 있더라

[눅20:25] 이르시되 그런즉 가이사의 것은 가이사에게, 하나님의 것은

하나님께 바치라 하시니

[요8:7] 그들이 묻기를 마지 아니하는지라 이에 일어나 이르시되 너희 중에 죄 없는 자가 먼저 돌로 치라 하시고

MEMO

3강. 상담의 역할

갈등은 건강한 상식으로 해결할 수 있는 문제가 있고 어떤 경우에는 건강한 상식과 함께 감정을 다루어 주어야 할 때가 있다. 심리상담가는 건강한 상식이라는 메스를 들고 옳고 그름보다는 감정을 주로 다룬다. 심리상담가는 감정에 대한 과학적 이해와 감수성이 있어야 한다.

저자가 신학 공부할 때, '말씀으로 사람에게 도움이 될까?'라는 회의감으로 꽤 오랜 시간 고민했었다. 심리상담가로 수년간 수많은 내담자를 만날수록 확신을 가지고 말할 수 있다. '때에 합당한 말은 사람을 살릴 수 있다'(잠15:23).

기독교인 내담자와 전화로 상담을 진행했었던 적이 있다. 어느 날 내담자가 말하길, '상담을 받으면서 말로 이렇게까지 도움을 받을 수 있다는 것을 알게 되었다'며 감사를 표했다. 한 어머니는 아들이 상담을 받고 집에 왔는데, 얼굴이 밝아졌다며 몇 번에 걸쳐 고마움을 표했다.

하나님을 믿지 않는 상담가의 '말'도 사람을 살려내는데, '말'에 '말씀'이 더한다면 그 폭발력은 얼마나 클까? 하나님의 말씀은 살아 움직이고 골수를 쪼개 사람을 치유할 수 있다(히4:12).

예수님은 '훌륭한 상담자(Wonderful Counselor)'이시다(사9:6). '그가 그의 말씀을 보내어 그들을 고치시고 위험한 지경에서 건지시는도다'(시107:20). '태초에 말씀이 계시니라 이 말씀이 하나님과 함께 계셨으니 이 말씀은 곧 하나님이시니라'(요1:1). '이 때에 제자들이 돌아와서 예수께서 **여자와 말씀하시는** 것을 이상히 여겼으나 무엇을 구하시나이까 어찌하여 그와 말씀하시나이까 묻는 자가 없더라 여자가 물동이를 버려두고 동네로 들어가서 사람들에게 이르되 내가 행한 모든 일을 내게 말한 사람을 와서 보라 이는 그리스도가 아니냐 하니 그들이 동네에서 나와 예수께로 오더라'(요4:27~30).

예수님과 대화 이후 사마리아 여인의 변화된 모습을 보라. 예수님은 사마리아 여인에게 놀라운 이적을 베풀지 않았다. 둘 사이에는 대화만 오고 갔다. 여인은 수치심에서 자유로워졌기에, 자신의 수치를 이웃들에게 공개할 수 있었다(요4:29). 과거 트라우마에서 가벼워졌기에, 동네 사람들과 접촉하여 예수님께 인도할 수 있었다(요4:30). '말'은, '말씀'은 살아 움직이고 골수를 쪼개 사람을 치유할 수 있다(히4:12). 치유 시 수치스러운 기억을 꺼내는 것은 필수이다. 죄인이 구원받는 과정에 고백(수치스러운 기억을 말로 꺼

냄)은 필수이다(약5:16).

심리상담가는 상담가 윤리를 명심해야 한다. 상담가는 내담자로서는 권위를 가진 존재이다. 권위는 사람을 치료하는 데 중요한 역할을 한다. 라포는 상담가의 권위를 세우는 시간이다. 권위는 상담에 중대한 역할을 하면서도 다른 한 편으로 상담가의 이성을 마비시켜 쉽게 폭력을 유발하게 한다. 그러기에 상담자는 상담가 윤리를 명심해야 한다.

상담가 윤리에는 3가지 중요한 것이 있다. 하나는 비밀보장이다. 비밀보장이 이루어지지 않으면, 상담에 안정감이 떨어져 자신의 수치나 죄책감을 온전하게 드러낼 수 없다. 비밀보장이 이루어지지 않으면 내담자는 상담가를 통해 2차 외상을 입게 된다. 두 번째로 상담자는 자신의 영역이나 역량에 해당하지 않을 경우, 내담자의 연령 및 호소영역에 맞는 전문가에게 연계(refer)해 주어야 한다. 상담가가 처음 개원하거나 전문 영역이 모호할 때는 연계에 대한 윤리를 지키기가 가장 힘든 상황이다. 세 번째로 상담가는 내담자와 성(性)적 관계를 가져서는 안 된다. 상담가가 내담자의 취약한 상황을 이용하여 성적 관계를 갖는 것은 사랑이 아닌, 권위를 이용한 성 착취(폭력)이다.

❶ 무의식의 의식화

무의식의 내용을 의식화하면 자신의 동기, 감정, 생각의 패턴을 이해할 수 있다. 신체가 상해를 입으면 누구나 쉽게 알아차릴 수 있다(심리학 : 의식영역). 장기가 좋지 않으면 얼굴색으로 짐작할 수 있다(전의식 영역). 혈압, 당뇨, 암 같은 질병은 전문가가 도구를 통해 면밀히 살피지 않는 이상 쉽게 알아차리기 어렵다(무의식 영역). 나무 잎사귀에 문제가 생기면 누구나 쉽게 알아차릴 수 있다(심리학 : 의식영역). 잎사귀에 가려진 가지에 문제가 생기면 주의 깊은 관심을 가져야 알아차릴 수 있다(전의식 영역). 땅속 뿌리는 전문가가 도구를 통해 면밀히 살피지 않는 이상 쉽게 알아차리기 어렵다(무의식 영역).

감정은 어디에 있느냐고 묻는다면 감정은 몸에 있다. 몸은 무의식의 영역이라고 볼 수 있다. 의식적인 언어는 '괜찮다', '다 잊었다'고 해도, 몸은 심한 거부감을 보일 수 있다. 우리가 어떤 기억을 억압하면 의식적 차원은 희미해지나 기억은 몸으로 갈 가능성이 있다. 사람의 변화에는 감정(경험)과 정보(세상 및 인간에 대한 원리 이해) 두 가지 측면의 자극(변화)이 이루어져야 한다. 감정 경험만으로, 또는 필요한 정보만으로 변화가 될 수 없다. 변화를 위해서는 두 가지 측면 즉 정보와 감정이 함께 치료(정서 일관성 치료)가 이루어져야 한다(참고 : 뉴로사이코테라피, Bruce Ecker 외, 학지사

2017).

    심리적 문제 원인을 명확하게 알 수 있기도 하나, 대부분의 사람들은 자신의 문제 원인을 제대로 이해하지 못하거나 심리적 방어로 인해 간접적으로 표현한다. 간접적 표현인 상징(은유)을 해석하기 위한 심리이론은 매우 다양하다. 무의식의 의식화(알아차림)되는 과정이 통합이며, 통합의 반복이 성장이다(자기실현). 무의식의 영역은 외부 설득으로 알아차리기 어려우며, 천천히 스스로 깨달아야 한다.

    모래놀이치료(스위스의 심리학자 도라 칼프에 의해 개발된 치료 기법)는 개인의 무의식을 의식화하는 데 유용한 도구 중 하나이다. 내담자가 안전한 모래 상자 공간에서 모래와 다양한 피규어를 사용하여 자신의 내면세계를 표현할 수 있도록 돕는다. 이 과정은 언어적 표현이 아닌 비언어적 표현을 강조하여 무의식을 탐구하는 데 효과적이다.

    저자는 동물 위주 피겨만 사용하고 있다. 동물 외에 다양한 피겨는 다양한 감정과 욕구를 자극하고 표현하도록 도우나, 다양한 피겨를 이해하기 위해선 수많은 시간을 투자해야 한다는 효율성의 딜레마가 있다. 마음속 무의식 세계에는 작거나 큰 고집스런 다양한 동물(특성)들이 있다. 동물 피겨를 보고 자신의 마음을 모래 상자에 표현하도록 한다.

모래 상자에 처음으로 놓은 피겨는 무엇이며, 자신에 해당하는 피겨는 무엇인지 질문하여 확인한다. 보통 모래 상자에는 분노(갈등, 싸움)가 나타나는 경우가 흔하다.

❷ 뇌과학 (메타인지)

두뇌 활동의 95%는 무의식적 행위이다(『생각에 관한 생각』, 대니얼 카너먼 박사, 김영사, 2012). 인간의 뇌는 끊임없이 '예측(추측)'한다(『내가 된다는 것』, 아닐 세스, 흐름출판사, 2022). 두뇌는 끊임없이 정보를 해석하고 예측한다. 뇌 부피의 70%를 차지하는 대뇌피질은 의식적이든 무의식적이든 끊임없이 예측한다(『천 개의 뇌』, 미국의 신경과학자이며 컴퓨터 공학자인 제프 호킨스, 이데아출판사, 2022). 세계적인 뇌과학자 아닐 세스는 개인이 보고 듣고 느끼는 현실은 다양한 감각 입력이라는 원인에 반응해, 뇌(예측기계(prediction machine))가 만든 최선의 추측(best guess, 깨어있는 꿈, 즉 제어된 환각 ; controlled hallucination)이다고 말한다. 어리석은 자일수록 자신의 '예측'을 고집한다. 성숙할수록 자신의 '예측'이 틀릴 수 있다는 생각을 하고 점검의 시간을 갖는다. 각자의 꿈(환각, 지각)에서 현실 감각(분별력, 합리적 태도)을 갖기 위해서 믿음의 선배(선지자)들을 통한 끊임없는 코칭이 필요하다.

뇌도 가지치기를 한다. 뇌의 가지치기가 자기 부인이다. 자신의 예측(예측의 결과물인 판단이나 감정)을 무조건 믿지 말고 검증하는 것이 자기 부인이다.

인간은 동물보다 전두엽 비율이 상대적으로 높다. 메타인지가 잘 기능하면 전전두엽의 회백색 피질이 두껍다(뉴욕대 신경과학센터 '플레밍 박사'). IQ는 성적을 25% 정도 설명해 주며, 메타인지는 40% 정도 설명해 준다(네덜란드 라이덴대학교의 마르셀 베엔만 교수가 25년간 연구를 통해 얻어냄). IQ는 잘 변하지 않는 반면, 메타인지는 훈련을 통해 향상시킬 수 있다. 아이는 생후 1년 6개월이 지나면 거울 속에 비친 자신의 모습을 알아보기 시작한다. 10세 때부터는 메타인지 훈련이 가능하다.

메타인지는 '자신의 생각에 대한 생각(thinking about one's thinking)', '인식에 대한 인식'으로, 자신의 생각을 비판적으로 분석하고 객관화하는 기능이다. 자신이 알고 있는 것은 무엇이고 모르는 것은 무엇인지를 아는 것, 자신의 강점은 무엇이고 약점은 무엇인지를 아는 것이 메타인지이다. 자신이 나서야 할 곳과 잠잠해야 할 곳을 분별하는 능력이 메타인지이다. 나와 어울리는 '일', 나와 어울리는 '사람', 나와 어울리는 '장소'를 아는 능력이 메타인지이다.

메타인지 발달에 주요한 도구는 **질문과 숫자**이다. 질문에는 말로 하는 질문, 종이로 하는 질문이 있겠다. 공부를 잘하는 이는 선생님의 질문(외부), 본인의 질문(내부), 시험지의 질문을 통해 뭘 모르는지, 뭘 잘하는지 자신의 실력을 객관적으로, 정확하게 파악한다. 성품 관련 질문은 성품 관련 메타인지를 향상시킨다. 하나님은 우리에게 끊임없이 질문하시므로, 나의 모습을 있는 그대로 보게 하신다. '여호와께서 이르시되 네가 성내는 것이 옳으냐 하시니라'(욘4:4). '여호와께서 가인에게 이르시되 네가 분하여 함은 어찌 됨이며 안색이 변함은 어찌 됨이냐'(창4:6). '사람들이 인자를 누구라 하느냐'(마16:13). '이르시되 너희는 나를 누구라 하느냐'(마 16:15).

심리학은 '자존감', '불안', '우울', '욕구' 등 심리 기제를 끊임없이 숫자로 만들어 객관적으로 볼 수 있고 비교하고 대조하여 연구할 수 있게 하였다. 그러기에 후배들이 선배들의 연구를 더 발전시킬 수 있었고 국가 제도에 도입될 수 있었다. 신학도 신학적 개념들을 수치화해서 하나님의 말씀을 객관적으로 볼 수 있도록 돕는 연구가 활발해져야 한다. 그래야 신학이 현장(교회)에서 적용이 가능하며, 비교와 대조 등 연구가 가능하며, 세상 학자들과 위정자들을 설득할 수 있다.

너무 멀면 당연히 객관 하기가 어렵다. 너무 가까워도 객관화하기 어렵다. 객관화를 위한 거리두기에는 적절한 거리가 중요하다. 가족관계에서는 너무 가까워 객관 하기 어렵다(심리상담가는 가족이나 지인들을 내담자로 받지 않는다).

각자는 자신의 마음밭에 원망의 씨가 뿌려지기 좋은 상황(전구 증상, 징조)을 객관적으로 알고 있어야 한다. 마음밭이 원망의 씨가 뿌려지기 좋은 밭으로 변하는 징조가 느껴지면, 즉시 시험에 들지 않게 하늘의 도움을 구해야 한다. 하나님은 이러한 기도를 기뻐하신다. 때에 합당한 기도는 자기 조절력을 향상시킨다.

❸ 예수님 (기대와 성령)

- **기대치 낮추기** : 갈등을 예방하기 위해서는 상대에게 불필요한 기대를 주지 말아야 한다. 현명한 이들은 관계에서 상대에 대한 기대치가 높지 않다. 현명한 이들은 관계에서 나에 대한 기대치를 높이지 않는다. 예수님은 상대에게 불필요한 기대감을 주거나 갖지 않도록 반복해서 강조하신다. 기대감 때문에 화가 나고 기대감 때문에 낙담하게 된다.

'네가 누구에게나 혼인 잔치에 청함을 받았을 때에 높은 자리에 앉지 말라'(눅14:8). '청함을 받았을 때에 차라리 가서 끝자리에 앉으라'(눅14:10). '예수께서 이르시되 네게 이르노니 일곱 번뿐 아니라 일곱 번을 일흔 번까지라도 할지니라'(마18:22 ; 용서한 후에 상대가 쉽게 바뀔 것이라는 기대하지 말라). '그 중의 한 사람이 자기가 나은 것을 보고 큰 소리로 하나님께 영광을 돌리며 돌아와 예수의 발 아래에 엎드리어 감사하니 그는 사마리아 사람이라 예수께서 대답하여 이르시되 열 사람이 다 깨끗함을 받지 아니하였느냐 그 아홉은 어디 있느냐'(눅17:15~17 ; 선을 베풀면 상대가 감사해 할 것이라는 기대말라, 10명 중 9명이 감사를 잊어버릴 정도로 대다수는 감사하지 않는다).

교회에 오게 되면 교회에 대한 기대(환상)가 있다. 기대는 교회에 오게 하는 중요한 인자이면서, 낙심하여 떠나게 되는 중요한 인자이기도 하다. 심리상담에서는 상담을 시작하기 전 상담 구조화라는 시간을 갖는다. 상담 구조화는 내담자의 심리상담에 대한 기대치를 현실화하는 것이다. 이러한 시간을 갖지 않으면 상담이 잘 이루어져도 내담자의 기대치 때문에 감사하기보다는 불만을 가질 수 있다.

직장도 입사 시 업무에 대한 분명한 역할, 업무분장, 직장 문화 등을 설명해 주지 않으면 불필요한 불만감을 품게 될 수 있다. 교회도 새신자수양회와 같은 모임을 통해서 교회의 역할을 설명해 주는 시간이 있어야 한다. 그렇게 되면 교회에서 주어지는 불편한 피드백으로 인해 실족하는 일을 예방할 수 있게 된다.

- **성령** : 성령이 역사하면 죄책감을 느낀다. 죄책감은 변화의 시작이다. 예수님은 성령을 거역하는 것은 용서받을 수 없는 죄라고 말씀하신다(마12:32). '여호와께서 이르시되 나의 영이 영원히 사람과 함께 하지 아니하리니'(창6:3). 성령이 떠나는 시대는 세상의 마지막을 의미한다.

개인에게 성령이 떠나는 것은 개인의 마지막을 의미한다. 자책하지 않는 이를 위해서 하늘이 할 수 있는 것은 없다. 자책하지 않고 원망하는 맏아들(눅15:29), 당당한 바리새인(눅18:11)을 위해서,

상담자가 할 수 있는 것은 없다. 자책하는 탕자(눅15:21), 가슴을 치는 세리가 변화에 있어서 희망적이다(눅18:13).

상담의 효과

❶ 상담은 거울이다

상담은 자신의 모습을 떨어져서 객관적으로, 주변 사람들이 보는 것처럼 보게 한다. 내 모습을 주변 사람들이 보는 것처럼 보게 되는 것이 전의식과 무의식의 의식화이다. 나는 어떤 환경에서 부적절하게 화를 내는가? 나는 어떤 상황에 비상식적으로 위축되고 두려워하는가? 나는 어떤 것에 대하여 과하게 집착하거나, 조바심을 갖는가? 나의 지능의 강점과 약점은 무엇인가? 내 기질의 강점과 약점은 무엇인가?

상담은 상대의 모습을 객관적으로 보게 한다. 자기에 대하여 있는 그대로 보지 못하듯, 상대에 대하여도 왜곡하여 지각할 수 있다. 상대를 잃고 난 후에야 상대의 진가나 역할을 알아차리고 애통해하나 다시는 관계를 되돌릴 수 없다.

- **선지자** : 선지자의 사명은 죄인이 자신의 모습을 있는 그대로 볼 수 있게 하는 것이다. 헤롯은 자신의 모습을 있는 그대로 보여준 선지자를 옥에 가두었다(마14:3). 다윗은 자신의

있는 모습 그대로 보여준 선지자 앞에 '내가 여호와께 죄를 범하였노라'(삼하12:13)라며, 비열한 모습을 말로 인정한다. 선지자, 멘토, 선생님, 선배, 수퍼바이저, 사수 모두 같은 역할을 한다.

• **집단상담** : 집단상담의 주요한 역할은 집단원들의 피드백을 통해서 자신의 모습을 객관적(메타인지, 떨어져서 보기)으로 볼 수 있게 한다. 교회에 소그룹 활동은 집단상담 효과를 갖게 되므로, 소그룹지도자는 집단상담에 대한 이해를 가져야 한다. 집단상담은 시간이나 경제적 효율성이 매우 좋다. 뿐만 아니라 효과도 개인 상담보다 파워풀하다. 그러기에 심리적으로 매우 취약하면 위험할 수 있다. 심리적으로 취약하면 개인 상담 후 집단상담으로 연계하거나, 집단상담과 개인 상담을 동시에 진행하는 것을 권한다.

얄롬의 『집단정신치료의 이론과 실제』는 집단상담의 고전이라 할 정도로 매우 유익한 서적으로, 읽고 다시 읽어도 흥미롭다(장성숙 역, 하나의학사).

• **심리검사** : 심리검사의 주요한 역할은 검사 결과 수치를 통해서 자신을 객관적으로 볼 수 있게 한다. 심리검사에는 기질, 성격, 대인관계 욕구, 인성 검사(정서 및 사고의 문제 유무/심각도), 지능검사 등이 있다. 심리검사는 X-ray나 피검사와

같다. 심리검사를 통해서 내담자의 심리구조와 심리상태를 객관적으로 이해하고 들어가는 것이 검사 없이 바로 상담에 들어가는 것보다 훨씬 효과적이고 안전하다. 심각한 상황일 경우에는 기질, 성격, 대인관계 욕구, 정서 및 사고의 문제 유무/심각도, 지능지수 등 종합 심리검사를 실시해야 한다. 단순한 상황일 때는 기질, 성격, 대인관계 욕구 검사 정도 실시하면 된다.

지능은 보이지 않으나 인생에 강력한 영향력을 행사한다. 종합 심리검사에는 지능검사가 필수로 들어간다. 대인관계 문제, 학교나 직장 적응 문제의 1차적 원인이 낮은 지능인 경우가 있다. 그래서 정서 문제나 또래 문제가 있을 시, 지능에는 문제가 없는지 확인한다. 임상경험 상 지능에 문제가 있다는 것은 경계선 수준 이하를 의미한다(전체지능지수 79 이하).

수 없이 지능검사를 실시해 본 심리학자로서, 두뇌가 좋다는 것은 목표 달성, 문제해결 시 '정확성'+'눈-손협응속도(민첩성)'가 뛰어나다는 의미로 본다. 지능은 타고난 능력뿐만 아니라 후천적 가정환경과 기질 및 성격의 영향도 받는다. 내담자가 성취에 대한 야망이 높으면 지능지수는 더 높게 나온다. 반대로 우울하거나, 불안하면 지능은 낮아진다.

❷ 상담은 진통제이다

상담은 공감과 지지를 통한 억울한 감정을 위로받는 것이다. 하나님은 억울함에 진심이시다. '그러므로 예물을 제단에 드리려다가 거기서 네 형제에게 원망들을 만한 일이 있는 것이 생각나거든 예물을 제단 앞에 두고 먼저 가서 형제와 화목하고 그 후에 와서 예물을 드리라(마5:23,24)'. '하물며 하나님께서 그 밤낮 부르짖는 택하신 자들의 원한을 풀어 주지 아니하시겠느냐 그들에게 오래 참으시겠느냐(눅18:7)'.

하나님은 '복수하시는 하나님'이시다(시94:1). 예수님의 다시 오시는 큰 이유 중 하나는 심판, 즉 억울하게 고통당하고 죽임당한 하나님 자녀들의 원한을 갚아주기 위해 오시는 것이다.

'다섯째 인을 떼실 때에 내가 보니 하나님의 말씀과 그들이 가진 증거로 말미암아 죽임을 당한 영혼들이 제단 아래에 있어 큰 소리로 불러 이르되 거룩하고 참되신 대주재여 땅에 거하는 자들을 심판하여 **우리 피를 갚아(avenge)**주지 아니하시기를 어느 때까지 하시려 하나이까 하니(계6:9,10)'. '내가 본즉 이 뿔이 성도들과 더불어 싸워 그들에게 이겼더니 옛적부터 항상 계신 이가 와서 지극히 높으신 이의 성도들을 위하여 **원한을 풀어 주셨고** 때가 이르매 성도들이 나라를 얻었더라(단7:21,22)'. '**그들에 대한 부르짖음이** 여호와 앞에 크므로 여호와께서 이 곳을 멸하시려고 우리를 보내셨나니 우리가 멸하리라(창19:13)'.

다니엘서 7장 22절의 '원한을 풀어 주셨고'에 해당하는 영문 (KJV) 'judgment was given to the saints of the most High' 말씀을 직역하면, '지극히 높으신 이의 성도들에게 심판의 권한이 주어졌다'이다. '우리가 천사를 판단할 것(KJV : we shall judge angels)을 너희가 알지 못하느냐 그러하거든 하물며 세상 일이랴(고전6:3)'. 우리는 무엇을 판단하게 될까? 우리가 심판하는 것은 악한 천사가 수없이 뿌려놓은 원한(억울함)이다(성서심리학자관점임).

세상에는 억울한 가운데 살아가거나 죽어가는 이들이 상상할 수 없이 많다. 목회자와 상담가는 권위를 통해 억울한 양들의 원한을 다루어야 하며, 진정한 위로와 지지를 통해 감정정화(카타르시스)의 경험을 갖도록 도와야 한다.

❸ 상담은 수술이다

상담은 잘못된 사고(쓴 뿌리)를 도려내는 과정을 갖는다. 상담을 통해 비상식적 분노나 두려움, 욕구 등을 알아차린(통찰) 후에는, 그 밑에 있는 쓴 뿌리(잘못된 사고)를 약화시켜야 한다. 가라지를 제거할 때 서두르면 귀한 곡식도 같이 뽑힐 수 있다고 경고하신다(마13:29). 수술하다가 혈관을 잘 못 건드리면 치명적일 수 있다. 외상 경험을 잘못 건드리면 재외상으로 더 위험해질 수 있다. 수술은 효과적이지만 상당히 위험한 과정이다. 상담자에 대한 강한 신뢰(라포형성, 권위인정)가 있어야 가능하다. 상담자에 대한 신뢰가 있어야, 상담자가 긴장하거나 떨지 않고 시술(피드백)할 수 있다. 신뢰 관계가 형성되지 않으면 상담자의 피드백에 분노하며 상담이 조기에 종결될 수 있다.

& 상담의 분류

❶ 부부(커플) 상담

성경에서 남녀관계는 변화가 있었다. 창조 시에는 서로 돕는 관계였다(창2:18). 죄 이후에는 서로 돕는 관계는 유지되었으나, 여성이 남성을 따라주어야 하는 수직관계가 추가되었다(창3:16). 여성이 남성을 따라주어야, 서로 돕는 협력관계가 유지되게 되었다.

남성이 권위를 갖게 되므로 다양한 부작용이 나타났다. 현시대가 양성평등을 강조하는 이유는 남성이라는 권력으로 수많은 폭력을 저질렀기 때문이다. 수많은 여성이 억울한 가운데 살아가거나 폭력으로 죽음에 이르기도 했다. 그럼에도 권위를 무시하면 더 큰 부작용이 올 수 있다.

현시대는 양성평등사회로 부부간 힘의 균등으로 향하고 있다. 힘이 균등해지므로 폭력은 줄었으나 갈등이 빈발해지고 있다. 균등한 상황에서는 둘만의 대화로는 평행선만 달리거나, 갈등이 더 깊어질 가능성이 높다. 갈등 조정을 위해서는 외부 전문가 개입이 필요하다.

모든 권위에는 폭력이 유발되는 부작용이 있다. 점잖았던 사람도 권력을 가지면 폭력적으로 돌변하기도 한다. 권위를 갖기 위해서는 책임감과 분노통제력을 갖추어야 한다. 남편은 땀을 흘려 가족을 먹여 살릴 수 있는 책임감을 갖추어야 한다(창3:19). 과거에는 책임감을 결혼하기 전에 보여주어야 했다. 가난하면 신부 집에서 노동을 통해서 책임감을 보여주어야 했다.

❷ 청소년(자녀) 상담

청소년 상담에는 독립심, 성실성, 신앙교육, 형제 갈등 등 하나하나가 만만치 않다. 자녀 교육에 있어서 무엇보다 권위를 갖추어야 한다. 성경에서 자녀는 부모에게 순종할 것을 가르친다(골3:20). 부모의 학대로 아동이 죽음에 이르는 끔찍한 뉴스들은 수많은 이들로 격분하게 하였다. 현시대는 아동 인권을 과도하게 강조하고 처벌하다 보니 부모가 권위를 갖기가 어려워졌다. 부모 권위의 결여는 자녀 교육에 엄청난 부작용과 어려움을 가져왔다. 성경에서는 회초리 드는 것을 죄악시하지 않는다. 현 사회는 자녀에게 회초리 드는 것을 아동 폭력으로 보나, 성경은 자녀에게 회초리 들지 않는 것을 책망하신다.

'매를 아끼는 자는 그의 자식을 미워함이라 자식을 사랑하는 자는 근실히 징계하느니라'(잠13:24). '그 때에 학깃의 아들 아도니야가 스스로 높여서 이르기를 내가 왕이 되리라 하고 자기를 위하여 병거와 기병과 호위병 오십 명을 준비하니 그는 압살롬 다음에 태어난 자요 용모가 심히 준수한 자라 그의 아버지가 네가 어찌하여 그리 하였느냐고 하는 말로 한 번도 그를 섭섭하게 한 일이 없었더라'(왕상1:5,6).

현시대 회초리는 단호하게 혼을 내는 것을 의미한다. 권위는 폭력을 유발하기 쉽다. 분노가 통제 안 된 상황에서 혼을 내면, 부작용이 더 크다. 분노 통제가 안되면, 훈육을 일단 멈추고 진정될 때까지 미루어야 한다. 내용은 질책이나 표정과 목소리 톤에는 짜증이나 폭언이 아닌 단호함과 다정한 톤으로 말해야 한다. 청소년(자녀)은 훈계 내용보다 경멸적인 표정, 목소리 톤, 고성 때문에 반감을 갖는다.

청소년 상담의 어려움은 건강한 상식이라는 메스가 제 기능을 못 한다는 것이다. 또한 상담가가 청소년 감정을 다루어 주고 싶어도 상대가 거부하면 할 수 있는 게 없다.

아들이 중학생이 되면서 스마트폰에 몰두하고, 늦게 자고, 거짓말을 자주 하며, 동생을 때리고, 부모에게 욕설을 하고, 몸싸움을 벌이며, 뻔뻔해지고, 거의 매일 탄산음료를 먹는 등 여러 문제로 인해 많은 스트레스를 받았다. 내가 심리학박사여도, 수많은 상담과 심리검사 경험을 가졌을지라도, 강퍅하고 건강한 상식이 통하지 않는 아들 앞에서는 무기력했다. 무릎 꿇는 것 외에는 방법이 없었다.

인간적으로 할 수 있는 부분을 다해도 안 되면, 그땐 무릎을 꿇어야 한다. 모든 사건에는 의미가 있음을 믿고 기도했다. 지금, 이 일들은 나에게 꼭 필요하기에 허락하신 것임을 믿고 기도했다. 지금, 나의 고뇌가 사람의 손에 빠지지 않고 여호와의 손에 빠지는 것이 더 나음을 믿고 기도하였다(삼하24:13,14). 우리에게 자비롭고 은혜롭고 노하기를 더디하고 인자와 진실이 많은 여호와 하나님이 계시다는 것은 얼마나 큰 행복인가.

❸ 친구(동료) 상담

인간은 누구나 정서 욕구가 있다. 십자가 전날 밤에 예수님께서 보여주신 최고의 친밀감의 표현은 '친구'이다(요15:15). 교회든, 세상이든, 친구가 있다는 것은 환경적응과 정신건강에 매우 중요하다. 친구를 쉽게 만드는 것은 엄청난 강점이다. 교회 내에 친구만 있어도 신앙을 유지하는 데 엄청난 힘을 발휘한다. 친구는 나이가 동갑이어야 할 필요는 없다.

친구를 얻기 위해서는 수치심, 무안함에 대한 소화력을 향상시켜야 한다. 쉽게 수치스러워하고 무안해하는 것을 '예민하다', '사회성이 부족하다'고 말한다. 예민성은 여러 가지 이유와 연결된다. 여하튼 예민하면 친구를 만들기가 어렵다. 또한 친구를 얻기 위해서는 상대의 장점을 진심으로 알아주고 인정해 주어야 한다. 인간은 무던한 사람, 칭찬받을 때 함께 기뻐해 주는 사람과 함께하고자 한다.

❹ 직업(학교) 상담

바로가 야곱과 요셉의 형들을 보고 가장 먼저 한 질문은 직업과 관련된 질문이었다. 요셉은 이것을 미리 간파하고 짧은 시간에 가장 핵심적으로 이야기해야 할 것은 '얼마나 유능한지'를 말하라고 충고한다. 역시나 바로의 첫 질문은 '너희 생업이 무엇이냐'였다(창47:3). 30초의 짧은 답변에는 목자로 엄청나게 유능하다는 것이 내포되어 있다. 결국 직업은 당시 최고 권력자인 바로와 연결해 주는 귀한 고리가 된다.

'그들 중에 능력 있는 자가 있거든 그들로 내 가축을 관리하게 하라'(창47:6). 왕의 가축을 외국인에게 맡긴 것은 요셉에 대한 고마움 때문이 아니다. 그들이 최고로 유능하다는 확신이 들었기 때문이다. 직업을 갖는 것도 중요하지만, 그 직업에서 인정받는 것은 더욱 중요하다. 그래서 내가 원하는 일을 선택하기보다는 하나님께서 원하는 일을 해야 한다.

건강은 적응력과 관련이 있다. 새로운 환경에 잘 적응하는 것은 심리적 자원이 매우 양호함을 의미한다. 직장, 학교는 소속 욕구, 통제 욕구를 해결하는 데 매우 중요한 장이다. 직장에서 소속 욕구나 통제 욕구를 적절하게 해결하지 못하면, 교회에서 욕구 해결을 위해 집착(기대)함으로 불필요한 실망이나 갈등이 발생할 가능성이 커진다. 직장이나 학교 스트레스는 소속욕구나 통제 욕구 결핍을 가져오기 때문에, 삶의 질에 상당한 타격을 가져온다.

❺ 기독교인 상담

상담은 감정(분노, 불안)과 욕구(대인관계 욕구, 신체적 욕구)를 주로 다룬다. 감정과 욕구는 문화(무의식)의 강력한 영향을 받는다. 문화에는 내담자가 소속된 가정, 조직(학교나 직장), 종교의 영향을 받는다. 종교의 영향력은 가장 강력하고 지속성이 크다. 특히 신앙심이 높을수록 종교가 감정과 욕구에 미치는 영향력은 강력하다. 상담가가 내담자가 소속된 종교의 특징을 모르면 라포형성의 어려움이 생긴다.

신앙인은 대체로 심리상담에 대한 불편감이 크다. 심리상담이 믿음에 반한다는 생각이 무의식중에 있다보니, 심리상담에 방어적이거나 소극적일 수밖에 없다. 기독교인은 기독교 배경을 가진 상담전문가와 상담하는 것이 더 효과적이다. 저자의 경험상 기독교인 내담자가 오면, 심리학 용어보다, 성경 말씀을 더 인용하여 상담을 진행한다. 그러할 때 내담자의 상담에 대한 만족감이 훨씬 높았다.

[창2:18] 여호와 하나님이 이르시되 사람이 혼자 사는 것이 좋지 아니하니 내가 그를 위하여 돕는 배필을 지으리라 하시니라

[창3:16] 또 여자에게 이르시되 내가 네게 임신하는 고통을 크게 더하리니 네가 수고하고 자식을 낳을 것이며 너는 남편을 원하고 남편은 너를 다스릴 것이니라 하시고

[창47:3] 바로가 요셉의 형들에게 묻되 너희 생업이 무엇이냐 그들이 바로에게 대답하되 종들은 목자이온데 우리와 선조가 다 그러하니이다 하고

[삼하24:13,14] 갓이 다윗에게 이르러 아뢰어 이르되 왕의 땅에 칠 년 기근이 있을 것이니이까 혹은 왕이 왕의 원수에게 쫓겨 석 달 동안 그들 앞에서 도망하실 것이니이까 혹은 왕의 땅에 사흘 동안 전염병이 있을 것이니이까 왕은 생각하여 보고 나를 보내신 이에게 무엇을 대답하게 하소서 하는지라 다윗이 갓에게 이르되 내가 고통 중에 있도다 청하건대 여호와께서는 긍휼이 크시니 우리가 여호와의 손에 빠지고 내가 사람의 손에 빠지지 아니하기를 원하노라 하는지라

[시94:1] 여호와여 복수하시는 하나님이여 복수하시는 하나님이여 빛

을 비추어 주소서

[잠15:23] 사람은 그 입의 대답으로 말미암아 기쁨을 얻나니 때에 맞는 말이 얼마나 아름다운고

[사9:6] 이는 한 아기가 우리에게 났고 한 아들을 우리에게 주신 바 되었는데 그의 어깨에는 정사를 메었고 그의 이름은 기묘자라, 모사라, 전능하신 하나님이라, 영존하시는 아버지라, 평강의 왕이라 할 것임이라

[마5:23,24] 그러므로 예물을 제단에 드리려다가 거기서 네 형제에게 원망들을 만한 일이 있는 것이 생각나거든 예물을 제단 앞에 두고 먼저 가서 형제와 화목하고 그 후에 와서 예물을 드리라

[마10:34] 내가 세상에 화평을 주러 온 줄로 생각하지 말라 화평이 아니요 검을 주러 왔노라

[마12:32] 또 누구든지 말로 인자를 거역하면 사하심을 얻되 누구든지 말로 성령을 거역하면 이 세상과 오는 세상에서도 사하심을 얻지 못하리라

[마13:29] 주인이 이르되 가만 두라 가라지를 뽑다가 곡식까지 뽑을까 염려하노라

[마14:3] 전에 헤롯이 그 동생 빌립의 아내 헤로디아의 일로 요한을 잡아 결박하여 옥에 가두었으니

[눅15:21] 아들이 이르되 아버지 내가 하늘과 아버지께 죄를 지었사오니 지금부터는 아버지의 아들이라 일컬음을 감당하지 못하겠나이다 하나

[눅18:11~13] 바리새인은 서서 따로 기도하여 이르되 하나님이여 나는

다른 사람들 곧 토색, 불의, 간음을 하는 자들과 같지 아니하고 이 세리와도 같지 아니함을 감사하나이다 나는 이레에 두 번씩 금식하고 또 소득의 십일조를 드리나이다 하고 세리는 멀리 서서 감히 눈을 들어 하늘을 쳐다보지도 못하고 다만 가슴을 치며 이르되 하나님이여 불쌍히 여기소서 나는 죄인이로소이다 하였느니라

[요4:28~30] 여자가 물동이를 버려 두고 동네로 들어가서 사람들에게 이르되 내가 행한 모든 일을 내게 말한 사람을 와서 보라 이는 그리스도가 아니냐 하니 그들이 동네에서 나와 예수께로 오더라

[요15:15] 이제부터는 너희를 종이라 하지 아니하리니 종은 주인이 하는 것을 알지 못함이라 너희를 친구라 하였노니 내가 내 아버지께 들은 것을 다 너희에게 알게 하였음이라

[골3:20] 자녀들아 모든 일에 부모에게 순종하라 이는 주 안에서 기쁘게 하는 것이니라

[히4:12] 하나님의 말씀은 살아 있고 활력이 있어 좌우에 날선 어떤 검보다도 예리하여 혼과 영과 및 관절과 골수를 찔러 쪼개기까지 하며 또 마음의 생각과 뜻을 판단하나니

[약5:16] 그러므로 너희 죄를 서로 고백하며 병이 낫기를 위하여 서로 기도하라 의인의 간구는 역사하는 힘이 큼이니라

MEMO

2부

야곱의 인생

1.
전반기 :
항해

&

심신 이완

❶ 근육이완

- **측두근(관자놀이 근육) 이완** : 주먹을 살포시 쥐고 손가락 부위로, 관자놀이와 귀 위, 귀 뒤쪽 부위를 토닥토닥 두들겨 준다. 근육을 마사지함으로써 머리와 얼굴 주위의 긴장을 완화할 수 있다.

- **저작근(깨물 근육) 이완** : 주먹을 쥐고 손가락 부위로, 턱관절 부위를 비벼준다. 교근이 긴장되면 두통, 목 통증 등을 유발할 수 있다. 교근 마사지는 근육의 긴장을 풀어 주어 정신적, 신체적 스트레스를 완화 시킨다.

- **흉골근(가슴 근육) 이완** : 가슴 중앙 흉골 부위를 깍지 낀 손으로 부드럽게 두들겨 준다. 흉골은 많은 신경이 집중된 곳이며, 이 부위를 마사지함으로써 부교감신경계를 활성화시켜 스트레스와 긴장을 줄일 수 있다.

❷ 마음이완

- **깊은 호흡** : 스트레스를 받으면 호흡이 짧아지고 거칠어지며 심하면 호흡곤란을 겪게 된다. 최근 정신건강의학과에는 과호흡 관련 내담자들이 많다. 욱(분노)하는 감정으로 변연계가 활성화되면 충동적인 행동으로 이어진다. 욱하는 감정이 올라올 땐, 언어에 집중하지 말고 호흡에 집중하라. 욱할 때 바로 행동(언어 반격, 신체 반격)이 나가면 성령의 개입 기회를 제한시킨다. 깊은 호흡은 뇌의 전두엽 피질 활동을 증가시켜 변연계를 안정시키는 데 중대한 역할을 한다. 깊은 호흡은 성령께서 개입할 틈을 준다. 눈을 감고 깊은 호흡을 하면서 다음 문장을 마음속으로 속삭인다. '욱하면 호흡에 집중하라' (참고 : 창2:7 생기를 그 코에 불어넣으시니 사람이 생령이 되니라, 겔37:5 내가 생기를 너희에게 들어가게 하리니 너희가 살아나리라, 요20:22 그들을 향하사 숨을 내쉬며 이르시되 성령을 받으라, 미국 노스웨스턴대 제이 고트프리드 교수 연구에 의하면 날숨을 천천히 내뱉음으로써 공포를 담당하는 부위의 활성도를 낮춰 긴장을 늦출 수 있다).

- **손 관찰하기** : 손바닥 감각에 집중함으로써 마음의 산만함을 줄일 수 있다. 손바닥 감각 집중은 마음을 안정시키고 긴장을 완화하는 데 도움이 된다. 손바닥을 무릎 위에 놓고 감각에 집중한다. 눈을 감고 손바닥 감각에 집중하면서 다음 문장을 마음속으로 속삭인다. '제 손이 치유의 손이 되게 하소

서'(참고 : 마8:3 예수께서 손을 내밀어 그를 만지시며…, 마9:29 눈에 손을 대시며…, 막1:41 예수께서 불쌍히 여기사 손을 내밀어 그를 만지시고…, 막10:14 사람들이 예수께서 만져 주심을 바라고…. 'Homunculus'는 뇌의 운동 및 감각 영역을 나타내는 뇌의 지도이다. 손과 손가락은 인간의 미세 운동 능력과 높은 감각 수용 능력 때문에 호모운쿨루스에서 매우 크게 표현된다. 이는 손을 사용하는 복잡한 작업과 높은 수준의 감각 처리가 뇌에서 많은 자원을 요구하기 때문이다).

- **지금 여기** : 다음 문장을 마음속으로 속삭인다. '원망하면 성품은 퇴화되고, 자족하면 성품은 성장 한다'. '모든 사건, 사고에는 의미가 있다 무자비한 형들의 악행이 없었다면 요셉은 총리가 될 수 없었다.' '내가 보고 느끼는 내 지각은 틀릴 가능성이 높다. 나를 멋지게 생각할 것이다 – 착각이다. 나를 무시한다 – 착각이다. 섹시하게 보인다 – 착각이다.' '지금 이 순간 몸의 통증이 없다면 일단 감사하라 세상에는 숨을 쉴 때마다 고통을 겪는 이들이 있다. 지금 내가 보고 있다는 것, 지금 내가 말하고 있다는 것, 지금 내가 걷고 있다는 것, 지금 내가 먹고 있다는 것, 지금 내 곁에 소중한 이가 있다는 것은 당연한 것이 아닌 기적이다.'

❶ 본문 나눔

본문 내용을 돌아가면서 읽고 인상 깊었던 내용, 궁금한 내용 등을 자유롭게 나눈다.

❷ 분노 적기

3개 영역에서 분노 크기와 분노 통제를 다룬다. 분노 크기가 10이면 분노가 가장 높은 단계이다. 분노 조절이 10이면 분노를 내 힘만으로도 충분히 관리 가능하다는 의미이다. 분노 크기보다 분노 조절의 숫자가 적으면 외부의 지지와 지혜가 필요하다.

❸ 분노 나눔

집단원 한 명씩 분노 노출/집단원 피드백, 분노 노출/집단원 피드백 순으로 돌아가면서 진행한다. 분노 노출과 피드백은 자율적으로 이루어지게 한다. 분노 노출은 돌아가면서 하되, 노출을 원치 않으면 넘어가면 된다. 분노 나눔 집단은 무엇보다 안정감이 중요하며 강요해서는 안 된다. 노출을 하지 않고 참석하여 관찰자로만 있어도 의미가 있다.

내부의 부적절한 상식은 부적절한 분노를 통해 외부로 드러나게 된다. 분노는 우리가 관찰하고 함께 점검(나눔)해야 할 주요한 대상이다. '네가 성내는 것이 옳으냐'(욘4:4), '네가 분하여 함은 어찌 됨이냐'(창4:6)고 하나님께서 묻는다. 나의 분노가 옳은지 질문 하는 것은 주요한 자기성찰이다.

부적절한 분노는 누군가에게 원한을 갖게 할 수 있고, 적절한 분노는 누군가의 원한을 해소 시켜 줄 수 있다. 분노해야 할 때 분 노하지 않는 사람, 분노하지 말아야 할 때 분노하는 사람 모두 부 적절하다. 분노를 때에 맞게 적절하게 다룰 때 매력적이다. 노하 기를 더디 하는 자는 용사보다 낫다(잠16:32). 상을 엎어버린 예수 님의 분노는 매력적이다(요2:15). 요한과 야고보의 분노는 예수님 께 질책을 받으나(눅9:54), 비느하스의 분노는 하나님께 극찬을 받 는다(민25:11).

분노 나눔은 자기 노출(고백)로 치유의 시작이다. 자기 노출은 환자가 환부를 드러내는 과정으로 용기가 필요하다. 자기 노출이 깊어질수록 치유도 깊어지기에 집단원 간 신뢰 형성이 중요하다. 자기 노출이 깊어질수록 그만큼 위험도 증가한다. 집단에서 안전 감 없이 억지로 자기 노출을 하면 2차 외상을 입을 수 있다. 비밀 보장이 이루어지지 않으면 집단은 급격하게 무기력해지고, 나눔 은 피상적 수준에 머물게 된다. 비밀보장은 집단의 안전감 형성에 첫 번째 요건이다.

집단 내에서는 어떠한 분노를 꺼내도 듣는 이들은 놀라면 안 된다. 예수님은 어떤 응급환자(세리, 광인, 남편만 다섯인 여인 등)가

와도 놀라지 않았으나 바리새인들은 극한 거부 반응을 보였다(눅 18:1).

상담의 주요한 효과는 피드백을 통한 **분노 정화와 독해력 향상**이다. 한 개인이 분노(갈등)를 노출(고백)하면, 원하는 사람들 한해서 아래와 같이 피드백을 한다.

- **'그 상황이 내 상황이라면~~'**: 피드백(feedback)은 '분노 노출'한 내담자의 모습이 어떻게 비치는지에 대해서, 솔직하게 말해주는 것이다. 피드백을 위해서는 서로 간의 라포형성, 용기, 타이밍, 전달방식 등이 고려되어야 한다. **자신의 모습이 주변 사람들에게 어떤 모습으로 비치는가를 객관적으로 알게 되면 행동 변화에 전환점이 된다.** 내담자는 자신이 몰랐던 객관적인 모습을 집단원들의 피드백을 통해 알게 된다. 객관적인 모습 자각은 속 시원함, 안도감, 당황스러움(의아함), 충격(수치심) 등 다양한 결과를 가져온다.

집단에서 주의해야 할 것은 상대를 가르치려 하거나, 충고하려 하거나, 답을 주려 하거나, 옳고 그름을 평가하려는 태도이다. 시간이 다소 소요되고 얕은 수준의 통찰일지라도 스스로 찾아야 변화에 도움이 된다.

- **분노 정화**: '그 상황이 내 상황이라면~~'. 그 상황에 대한

'**감정**'을 먼저 표현한 후 '**이유**'를 설명한다. '그 상황이 내 상황이라면 엄청 화가 나겠습니다~'. 내가 느끼는 분노를 타인도 느낀다면, 감정정화(카타르시스＝분노의 소화＝억울함 감소) 경험을 갖게 된다.

- **독해력 향상** : '그 상황이 내 상황이라면~~'. 그 상황에 대한 '**감정**'을 먼저 표현한 후 '**이유**'를 설명한다. '그 상황이 내 상황이라면 나는 화가 나지 않네요~'. 나의 분노가 집단원들의 공감을 얻지 못한다면, 영적 수술의 대상이 된다. 부적절한 분노는 나의 '쓴 뿌리'(히12:15)이고 '굳은 마음'일 가능성이 높다. 나의 '쓴 뿌리'를 알게 된 것은 은혜이다. 부적절한 분노를 알아차리는 것이 변화의 시작이다. '새 마음'을 갖기 위해서는 먼저 '굳은 마음(부적절한 분노)'을 제거해야 한다. '내가 그들에게 한마음을 주고 그 속에 새 영을 주며 그 몸에서 **돌 같은 마음**을 제거하고 살처럼 **부드러운 마음**을 주어'(겔11:9). '새 영을 너희 속에 두고 새 마음을 너희에게 주되 너희 육신에서 **굳은 마음**을 제거하고 **부드러운 마음**을 줄 것이며'(겔36:26). 분노가 집단에서 공감을 얻지 못하면, '수치심'이나 '분노감'이 올라온다. 이것은 무척 자연스러운 것이다. 그러나 분노감에 압도당하면 가인과 사울 왕처럼 변화의 기회를 놓치게 된다.

모든 분노에는 의미가 있다. 그 의미를 제대로 읽어낼 때 분노통제력(분노 메타인지)이 높아지고 마음의 여유가 생긴다. 집단 원들에게 공감 얻지 못한 분노를, 조심스럽게 들춰내면 쓴 뿌리가 딸려 나온다. 분노 아래에는 '두려움', '기대', '가치관', '신앙관, '어린 시절 환경', '트라우마' 등을 발견할 수 있다. 분노는 언제부터 시작되었는가? 분노는 누구와 관련이 있는가? 분노는 어떤 욕구와 관련이 있는가? 분노는 하나님에 대한 오해와 관련이 있는가? 정확한 답을 찾는 것보다 답을 찾으려는 태도가 더 중요하다. 쓴 뿌리(경직된 사고, 비상식적 분노)는 한 주일 동안 묵상과 기도의 대상이 된다.

❹ 마무리

오늘 집단 시간의 소감을 써보고, 돌아가면서 각자의 소감을 나눈다. 모두 소감을 마치면 손에 손잡고를 부르고 집단을 마무리한다.

손에 손잡고

손에손잡 고 찬송부르 며 주님말씀 기 다려   -

은혜안에살 며 믿음안에 행하면-주 우리돌 보신 다   -

친 구여 함 께하 늘 에갑시다- 주곁에만 납시 다   -

형 제자매모 두 다노래합시다- 주님의 곁에손잡 고   -

우리는모두 주 님의군사로 무 서운적도 두려움없 네   -

하늘나라 는 오직우리의소망- 기도하 며 기리 네

1회기.
배우자

1회기. 배우자

	년 월 일

1. 심신 이완

❶ 근육 이완(각 1분)

측두근 → 교근 → 흉골근

❷ 마음 이완(각 5분)

깊은 호흡 → 손 관찰하기 → 지금 여기

2. 집단 진행

❶ 본문 나눔

본문 내용 함께 읽고 인상적인 내용 나누기

❷ 분노 적기

– 숫자 적기 (최저 0~10 최고)

	분노 지수		분노 내용
	분노 크기	분노 조절	
가정(숙소)			
직장(학교)			
교회(모임)			

❸ 분노 나눔

– 그 상황이 내 상황이라면 ~~

(충고 않기, 해석 않기, 판단 않기)

❹ 마무리

– 오늘 집단 소감 나누기

2차. 불안 다루기

[분노 집단 1회~8회기 모두 마무리 후/2차 불안 집단 진행]

				년	월	일

1. 심신 이완

❶ 근육 이완(각 1분)

    측두근 → 교근 → 흉골근

❷ 마음 이완(각 5분)

    깊은 호흡 → 손 관찰하기 → 지금 여기

2. 집단 진행

❶ 본문 나눔

    본문 내용 함께 읽고 인상적인 내용 나누기

❷ 불안 적기

    - 숫자 적기 (최저 0~10 최고)

	불안 지수		불안 내용
	불안 크기	불안 조절	
가정(숙소)			
직장(학교)			
교회(모임)			

❸ 불안 나눔

    - 그 상황이 내 상황이라면 ~~

      (충고 않기, 해석 않기, 판단 않기)

❹ 마무리

    - 오늘 집단 소감 나누기

1회기 - 배우자

하나님은 죄가 들어오기 전, 창조 시에 3가지 선물을 주신다. '음식', '안식일', '배우자'이다. 사단은 이 세 가지에 수많은 공격을 펼쳤으며 엄청난 성공을 거두었다. 현재 세 가지 문화는 넷째 짐승이 만든 문화로 대체되었다.

인간의 운명에 영향을 주는 첫 번째가 부모와의 만남이다. 첫 번째 운명은 나 스스로 결정할 수 없다. 인생의 두 번째 운명은 배우자이다. 배우자와 만남은 인생에 상상할 수 없는 영향력을 행사한다. 하버드대 세계 최대 종단연구 보고서에 의하면, 폭력적이고, 가난한 가정에서 불안한 청소년기를 보냈을지라도 좋은 배우자와의 만남은 인생의 흐름을 긍정적으로 바꾸었다.

반대로 성경에 한 인물은 하나님을 경외하는 훌륭한 아버지, 부유한 가정, 가장 큰 지혜를 가졌음에도 배우자로 인해 실족하여 상상할 수 없는 큰 재앙을 남겼다. '옛적에 이스라엘 왕 솔로몬이 이 일로 범죄 하지 아니하였느냐 그는 많은 나라 중에 비길 왕이 없이 하나님의 사랑을 입은 자라 하나님이 그를 왕으로 삼아 온 이스라엘을 다스리게 하셨으나 이방 여인이 그를 범죄 하게 하였나니'(느13:26).

아브라함은 아들의 두 번째 운명을 위해, 간절한 기도와 함께 많은 투자를 한다. 800km 떨어진 먼 곳에, 가장 신임하는 종을, 큰 돈(보화)과 함께 보낸다.

창세기 24장은 아브라함이 아들 이삭의 결혼에 관한 내용으로 한 장을 모두 채우고 있다. 이를 통해 결혼이 얼마나 중요한 삶의 주제인지를 알 수 있다. 리브가는 큰아들의 결혼으로 스트레스를 받았다(창27:46). 리브가가 둘째 아들 야곱을 자신의 고향으로 보냈던 이유 중 하나는 결혼과 관련이 있다. 결혼으로 인한 수많은 책망에도 불구하고, 성경 어디에서도 결혼제도를 금하거나 정죄하지 않는다.

이삭과 리브가의 결혼은 드라마틱하고 아름답다. 이삭은 이 세상에서 자신을 가장 사랑했던 어머니 사라를 잃었다. 이별로 인한 슬픔을 리브가와의 만남(이삭 나이 40세)으로 회복하였다. 인간에게 입은 슬픔을 인간을 통해 위로받는 것은 믿음에 반하는 것이 아니다(창24:67). 아브라함의 종 엘리에셀이 리브가를 처음 만났을 때, 선물로 코와 손목에 금 코걸이, 금 손목걸이를 걸어준다(창24:22). 성서는 금장식을 정죄하지 않는다. 탕자가 돌아왔을 때 아버지는 아들의 손에 '반지(KJV ; a ring)'를 끼우라고 명한다(눅

15:22).

하나님께서 가장 가까이에서 인간을 통치하셨던 시간, 모세가 다스리던 시간에도 인간은 팔찌, 귀고리, 가락지를 가지고 있었으며 심지어 하나님의 성막을 짓는데 헌물로 받쳤다(출35:22). 하나님도 모세도 팔찌, 귀고리, 가락지에 대하여 영적 시비를 걸지 않았다. '곧 마음에 원하는 남녀가 와서 팔찌와 귀고리와 가락지와 목걸이와 여러 가지 금품을 가져다가 사람마다 여호와께 금 예물을 드렸으며'(출35:22). 반지나 금장식에 대하여 죄책감을 갖게 함으로, 하나님께서 지우지 않는 짐을 지워 형제를 실족게 하는 일은 있어서는 안 된다(마18:6).

예수님의 첫 번째 이적은 혼인잔치였다(요2:1). 예수님의 첫 번째 이적에는 **사교적 모임**을 귀하게 보신다는 의미가 담겨있다. 또한 예수님의 첫 번째 이적은 **혼인**을 귀하게 보신다는 의미가 담겨있다. 죄가 들어오기 전 첫 예식은 결혼예식이었다. 하나님은 신부를 신랑 아담에게 데려온다. 창세기 2장은 마치 결혼식장에서 아버지가 딸과 함께 입장하는 모습을 보여주고 있다. 아담의 첫 번째 격한 찬양은 연애 감정으로 인한 기쁨이었다(창2:23). '야곱이 라헬을 위하여 칠 년 동안 라반을 섬겼으나 그를 사랑하는 까닭에 칠 년을 며칠 같이 여겼더라'(창29:20). 타국에서, 가혹한 노동환경에서, 야곱이 버틸 수 있었던 것은 연애 감정이었다. 연애 감정은 죄가 들어오기 전에도 있었던 감정으로, 하나님께서 인간에게 주신 귀한 감정(기쁨)이다.

예비부부 교육

나는 가정법원 의뢰로 수년간 이혼을 앞둔 부부들을 상담해 왔다. 부부 상담 의뢰가 오면, 각각 개별 상담 후, 부부 상담을 진행한다. 부부 상담을 하면서 여러 가지를 느꼈는데, 그중의 하나가 결혼 전 예비부부 교육의 필요성이다. 회사에 취업하면 회사의 문화, 회사의 규칙, 업무 분장 등에 대한 교육을 받는다. 결혼도 언약이다. 결혼 전 부부 교육을 통해서 서로에 대한 기대치를 이해하고 조정해야 한다. 또한 부부의 삶은 현실이므로 서로의 역할에 대한 한계설정을 미리 하지 않으면, 쉽게 서운한 마음이 들 수 있다.

예비부부 교육의 내용으로는 성격 이해, 부부 관계, 재정 관리, 가사 업무 등이 꼭 포함되어야 한다. 서로의 성격검사를 통해서 서로의 성향과 기질을 이해할 필요가 있다. 서로의 성향을 이해한다고 상황이 달라지는 것은 아니나 서로에 대한 기대치를 현실화하는 데 도움이 된다. 부부 성관계에 대한 교육도 있어야 한다. 성(性)관계에 대한 오해와 신화가 너무 만연하고 있어, 결혼을 앞두고 상대 배우자에게 잘못된 성(性)적 기대(환상)를 품을 수 있다. 돈 문제는 부부 갈등 사유의 큰 비중을 차지하므로 재정교육을 받아야 한다.

또한 빨래 개기, 청소하기, 요리하기 등 매일 반복되는 가사에 대한 교육이 필요하다. 법원 이혼사유서에 의외로 자주 언급되는 것 중 하나가 배우자가 '밥을 차려주지 않는다'이다. 옳고 그름, 양성평등을 떠나서 작은 일처럼 보이는 가사(매일 반복되는)에 대한 갈등이 법정까지 향하게 할 수 있다. 집안(가사)일은 끝이 없고, 배우자와 자녀는 당연히 여기고 감사하지 않기에 사단의 시험(불만=원망)에 들기 쉽다. 작은 일들의 가치를 알아야 하며 작은 일들을 겸손하게 배워야 한다. 또한 작은 일들에 감사의 마음을 자주 표현해야 한다.

&

부부싸움

미국 워싱턴 대학교의 심리학과 교수였던 존 가트만(John Gottman) 박사는 부부 갈등 분야의 세계적인 권위자이다. 가트만 박사는 39년 동안 3,600쌍 부부 연구를 통해 이혼 예측 인자를 찾아냈다. 부부간 투쟁 시 '비난("전혀", "항상", "한 번도" 등의 말을 사용하여 상대를 지적함)', '상대 탓(방어=역공)'은 주요한 이혼 예측 인자이다. 갈등 시 비난과 상대 탓의 투쟁방식에 빠져서는 안 된다. 가트만 박사는 모든 행복한 관계에서는 긍정성(감사, 배려) 대 부정성(비난, 상대 탓)의 비율이 5대 1이라는 구체적인 수치도 밝혔다.

상대(배우자)가 비난하거나 원망할 때, 억울함과 분노감이 올라와 상대를 비난하고 상대 탓을 하게 되는 것은 본능이다. 상대(배우자)가 비난할 때, 분노가 치밀지라도 일단 잠잠하라. 잠잠함이 '숯불을 그 머리에 쌓아 놓는 것'이다(롬12:20). 잠잠함이 '선으로 악을 이기는 것'이다(롬12:21).

아무리 조심해도 부부 다툼이 일어날 수 있다. 부부 다툼이 발생하면 싸움이 확전(싸움의 규모가 넓어짐)되지 않는 데 집중해야 한다. 그러기 위해서는 세 가지를 명심해야 한다. 첫째, 과거 서운했던 사건을 소환해서는 안 된다. 이것은 갈등을 증폭시키게 된다. 둘째, 고함치는 것을 지양(rejection)해야 한다. 다툼이 생기면 목소리 톤이 올라가는 것은 당연하다. 그러나 고함치면 상대를 흥분시켜 갈등이 증폭되기 쉽다. 셋째, 다음과 같은 확전되는 전형적인 언어를 지양해야 한다. '그런 걸 가지고 짜증 내', '왜 이렇게 예민해', '저번에 당신도 이렇게 말했잖아' 이러한 말은 2차 공격이 되어, 상황을 수렁으로 몰아가는 화법이다.

배우자가 분노하면, 배우자의 생각에 동의하지는 않지만, 배우자의 감정을 존중해 주는 의미로 '그런 의도가 아니었는데 그렇게 들렸다니 미안해요'. '그렇게 들릴 수도 있겠네요, 미안해요'. '내가 생각이 깊지 못했네요, 미안해요'. '거만한 사람은 마을을 들쑤셔 놓지만 지혜로운 사람은 화를 가라앉힌다'(잠29:8/공동번역). 개인적 경험을 통해서 볼 때, 부부 다툼에는 격정 – 냉담 – 회복의 싸이클이 있으며, 회복(감정 정리)까지는 두 밤이 지나야 한다.

'율법'은 '언약'과 동의어이다(왕하22:11, 왕하23:2). 신앙은 언약이다. 결혼도 언약이다. 언약은 사랑으로 시작하여 믿음으로 지속한다. '믿음'은 '의리'와 같다. 시간이 지날수록 뜨거운 감정은 사라지고 약속(언어, 종이)만 남는다. 뜨거운 감정이 사라진 상황에서 약속을 지키기 위해서는 의리가 필요하다. 의리란 상대에 대한 기대가 바뀌고 환경이나 조건이 바뀔지라도 처음 약속을 끝까지 유지하는 것이다.

의리와 **명석함**은 서로 별개의 영역이다. 명석하고 폼나는 전문직에 종사할지라도, 의리를 가볍게 취급하면 빛이 사라지고 어리석게 보인다. 결혼 생활, 직장 생활 모두 열정과 함께 의리가 함께 해야 한다. 솔로몬의 지혜는 바닷가의 모래알보다 많고 이집트(당시 최고 선진국)나 동방사람들보다 뛰어났다(왕상4:30). 그러나 솔로몬이 하나님에 대한 의리를 저버렸을 때, 솔로몬의 매력도 저버렸다.

두 번째 운명을 지키기 위해서는 큰 결단이 요구된다. 율법은 언약이다(왕하22:11, 왕하23:2). 아브라함이 하나님과 약속(언약) 할 때, 동물을 두 쪽으로 쪼겠다(창15:10). 성경은 신앙을 신부와 신랑으로 자주 빗댄다. 결혼도 언약(약속)이다. 결혼 언약에 대한 사단의 공격을 막아서기 위한 결의의 수준은, 지금이나 3천 년 전이나 같다. 언약(신앙, 결혼)을 지키기 위한 결단의 수준은, **목숨을**

내놓겠다는 수준이어야 한다(렘34:18).

    사단은 **'보기에 아름다움'**으로 하와를 속였다(창3:6). 사단은 **'보기에 아름다움'**으로 하나님의 아들들을 속였다(창6:2). 이스라엘의 가장 위대한 왕 다윗은 거인 골리앗은 물리쳤으나, **'심히 아름다움'**에 속절없이 무릎을 꿇는다(삼하11:2). 심히 아름다움에 격하게 뛰었던 심장은 상상할 수 없는 고통을 가져온다(시38:10). 매 안식일 소그룹 모임을 통해서, 각자의 안목(요일2:16)을 함께 점검하고, 함께 기도하는 시간은, 하늘의 안약(계3:18)을 바르는 시간이다.

Reference
참고 성구

[창2:23] 아담이 이르되 이는 내 뼈 중의 뼈요 살 중의 살이라 이것을 남자에게서 취하였은즉 여자라 부르리라 하니라

[창3:6] 여자가 그 나무를 본즉 먹음직도 하고 보암직도 하고 지혜롭게 할 만큼 탐스럽기도 한 나무인지라 여자가 그 열매를 따먹고 자기와 함께 있는 남편에게도 주매 그도 먹은지라

[창6:2] 하나님의 아들들이 사람의 딸들의 아름다움을 보고 자기들이 좋아하는 모든 여자를 아내로 삼는지라

[창15:10] 아브람이 그 모든 것을 가져다가 그 중간을 쪼개고

[창24:22] 낙타가 마시기를 다하매 그가 반 세겔 무게의 금 코걸이 한 개와 열 세겔 무게의 금 손목고리 한 쌍을 그에게 주며

[창24:67] 이삭이 리브가를 인도하여 그의 어머니 사라의 장막으로 들이고 그를 맞이하여 아내로 삼고 사랑하였으니 이삭이 그의 어머니를 장례한 후에 위로를 얻었더라

[창27:46] 리브가가 이삭에게 이르되 내가 헷 사람의 딸들로 말미암아 내 삶이 싫어졌거늘

[출35:22] 곧 마음에 원하는 남녀가 와서 팔찌와 귀고리와 가락지와

2)목걸이와 여러 가지 금품을 가져다가 사람마다 여호와께 금 예물을 드렸으며

[왕상4:29,30] 하나님이 솔로몬에게 지혜와 총명을 심히 많이 주시고 또 넓은 마음을 주시되 바닷가의 모래 같이 하시니 솔로몬의 지혜가 동쪽 모든 사람의 지혜와 애굽의 모든 지혜보다 뛰어난지라

[삼하11:2] 저녁 때에 다윗이 그의 침상에서 일어나 왕궁 옥상에서 거닐다가 그 곳에서 보니 한 여인이 목욕을 하는데 심히 아름다워 보이는지라

[왕하22:11] 요시야 왕이 율법책의 말을 듣자 곧 그의 옷을 찢으니라

[왕하23:2] 왕이 여호와의 성전 안에서 발견한 언약책의 모든 말씀을 읽어 무리의 귀에 들리고

[렘34:18] 송아지를 둘로 쪼개고 그 두 조각 사이로 지나매 내 앞에 언약을 맺었으나 그 말을 실행하지 아니하여 내 계약을 어긴 그들을

[시38:10] 내 심장이 뛰고 내 기력이 쇠하여 내 눈의 빛도 나를 떠났나이다

[마18:6] 누구든지 나를 믿는 이 작은 자 중 하나를 실족하게 하면 차라리 연자 맷돌이 그 목에 달려서 깊은 바다에 빠뜨려지는 것이 나으니라

[눅15:22] 아버지는 종들에게 이르되 제일 좋은 옷을 내어다가 입히고 손에 가락지를 끼우고 발에 신을 신기라

[요2:1] 사흘째 되던 날 갈릴리 가나에 혼례가 있어 예수의 어머니도 거기 계시고

[롬12:20,21] 네 원수가 주리거든 먹이고 목마르거든 마시게 하라 그

리함으로 네가 숯불을 그 머리에 쌓아 놓으리라 악에게 지지 말고 선으로 악을 이기라

[요일2:16] 이는 세상에 있는 모든 것이 육신의 정욕과 안목의 정욕과 이생의 자랑이니 다 아버지께로부터 온 것이 아니요 세상으로부터 온 것이라

[계3:18] 내가 너를 권하노니 내게서 불로 연단한 금을 사서 부요하게 하고 흰 옷을 사서 입어 벌거벗은 수치를 보이지 않게 하고 안약을 사서 눈에 발라 보게 하라

MEMO

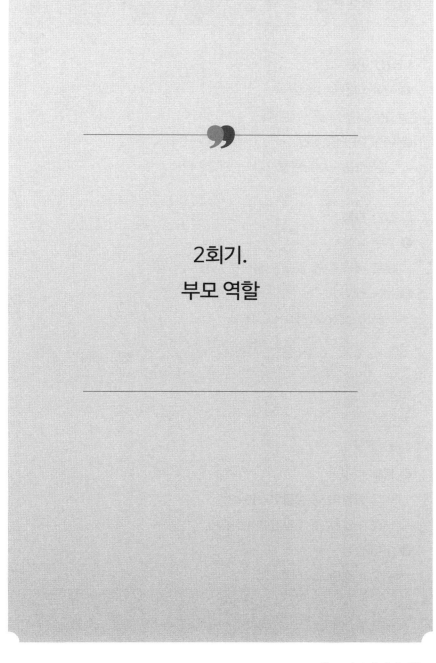

2회기.
부모 역할

2회기. 부모 역할

	년	월	일

1. 심신 이완

❶ 근육 이완(각 1분)

    측두근 → 교근 → 흉골근

❷ 마음 이완(각 5분)

    깊은 호흡 → 손 관찰하기 → 지금 여기

2. 집단 진행

❶ 본문 나눔

    본문 내용 함께 읽고 인상적인 내용 나누기

❷ 분노 적기

    – 숫자 적기 (최저 0~10 최고)

	분노 지수		분노 내용
	분노 크기	분노 조절	
가정(숙소)			
직장(학교)			
교회(모임)			

❸ 분노 나눔

    – 그 상황이 내 상황이라면 ~~

      (충고 않기, 해석 않기, 판단 않기)

❹ 마무리

    – 오늘 집단 소감 나누기

2차. 불안 다루기

[분노 집단 1회~8회기 모두 마무리 후/2차 불안 집단 진행]

	년	월	일

1. 심신 이완

❶ 근육 이완(각 1분)

   측두근 → 교근 → 흉골근

❷ 마음 이완(각 5분)

   깊은 호흡 → 손 관찰하기 → 지금 여기

2. 집단 진행

❶ 본문 나눔

   본문 내용 함께 읽고 인상적인 내용 나누기

❷ 불안 적기

   – 숫자 적기 (최저 0~10 최고)

	불안 지수		불안 내용
	불안 크기	불안 조절	
가정(숙소)			
직장(학교)			
교회(모임)			

❸ 불안 나눔

– 그 상황이 내 상황이라면 ~~

   (충고 않기, 해석 않기, 판단 않기)

❹ 마무리

   – 오늘 집단 소감 나누기

2회기 - 부모 역할

부모 역할은 한 사람의 평생에 영향을 미칠 만큼 강력하다. 부모 역할은 가장 어려운 부분이다. 믿음의 조상 아브라함도 자녀 교육에서는 고전한다(창21:9). 아들 이스마엘을 집에서 추방하는 큰 아픔을 겪는다(창21:14). 야곱 또한 자녀들로 인한 가슴 조이는 사건들이 끊임없이 발생하였다. 야곱의 '험악한 삶'의 절반은 자녀들로 인한 것이었다.

유대의 가장 훌륭한 왕이었던 다윗은 전쟁에서 한 번도 패한 적이 없었다. 그러나 자녀 교육에서는 반복적으로 쓰디쓴 고통을 당한다. 다윗의 큰아들은 성폭력을 저지르고, 2년 뒤에 이복동생 압살롬에게 살해당한다(삼하13:28). 압살롬은 반역하고 아버지의 후궁들을 범하는 패륜범죄를 저지른다(삼하16:22). 다윗의 넷째 아들 아도니야는 아버지 생전에 스스로 왕이 되어 아버지를 거역한다(왕상1:5). 다윗은 자녀들에 대한 깊은 아픔을 안고 인생을 마감한다.

부모님은 따스함과 인자함이 있어야 한다. 그와 동시에 권위도 있어야 한다. 아도니야에 대한 아버지 다윗의 양육 태도는 우리에게 많은 것을 시사한다. '한 번도 그를 섭섭하게 한 일이 없었더라'(왕상1:6). 아도니야에 대하여 인자함만 보이고 권위는 보이지 않는다. 결과적으로 아도니야는 반역을 일으키고 솔로몬(이복동생)에 의해서 죽임을 당한다(왕상2:25).

❶ 부끄러움

수치심은 사람의 변화에 중요한 인자이다. 아이의 도덕성 발달에 부모의 영향은 절대적이다. 과거 시대에는 마을 어른들, 학교 선생님, 교회 집사님 등이 변화를 위한 개입을 했었다. 현시대에는 이러한 개입이 어려워졌다. 부모의 영향력과 책임이 막중해졌다. 부모의 역할이 막중해졌음에도, 안타깝게도 책임 의식이나 역할은 더욱 빈약해졌다.

사람을 다루는 역할 즉 부모, 학교 선생님, 목회자, 상담자들은 자기 이해를 위한 시간을 가져야 한다. 여기에는 예비 부모도 당연히 포함된다. 심리적으로 뭉친 곳이 있으면 심리상담(교육분석)을 통해서 어느 정도 풀고 가야 한다. 그렇지 않으면 권위를 잘못된 방향으로 사용할 수 있다. 지금 시대는 과거보다 더욱더 부모의 건강한 상식 소유가 매우 중요해졌다.

셋째 아이가 초등학교 1학년 때, 셋째 아들의 생일 파티를 집에서 열었다. 어떤 친구가 선물을 가져왔는데 아들은 '좋아하지 않는 선물'이라고 말했다. 아빠인 내가 이 부분에 대하여 '친구가 어떻게 생각하겠니'라며 훈육(부끄러움) 하였다. 아들은 그 상황에 삐지고 무안을 느낄 수 있다. 무안함, 부끄러움을 느껴야 도덕성이 발달 된다.

부모의 마음이 건강하지 못해 부끄러워야 할 상황에 대한 분별력이 약할 수 있다. 그렇게 되면 수많은 상황에서 아이를 지도할 기회들을 간과하게 된다. 또는 아이가 너무 사랑스럽거나 안쓰러워(신체/정신 장애 등으로) 부끄러움을 느끼게 하는 훈육을 간과할 수 있다. 학교 현장에 가보면, 부모님들이 자존감에 대한 잘못된 인식으로 인해, 선생님이 아이에게 적절한 부끄러움을 주면, 감사하기보다는 격하게 분노하고 거칠게 항의하는 황당한 상황들을 보게 된다.

반대로 부끄러움이 불필요한 상황인데도 부끄러움을 느끼게 해, 아이의 도덕성에 혼란을 주는 경우도 있다. 발달상 자연스러운 과오들인데, 엄한 기대치로 인해, 과도하게 부끄러움(과도한 도덕성)을 주어 자녀의 정신 건강을 해칠 수 있다.

❷ 부모의 권위
아동의 변화를 위해 '수치심'이라는 불편하고 때로는 고통스러

운 감정을 일어나게 해야 한다. 부모는 무엇보다 먼저 권위를 가져야 한다. 권위를 위해서는 권유나 설득의 우유부단한 모습이 아닌, 지시와 명령을 할 수 있는 **단호함**이 있어야 한다. **지시**, **명령**, **공격**은 내용은 같다. 차이점은 **목소리 톤과 표정의 강도 차**이다. 지시가 부드럽다면, 명령은 단호하다, 공격은 단호함을 너머 공포를 느끼게 하는 것이다.

권위가 공격 위주로 표현되면 여러 부작용을 낳을 수 있다. 부모는 권위라고 생각했으나 자녀는 공격으로 지각할 수 있다. 어느 날 둘째 아들로부터 '아빠는 너무 감정적이다'라는 말을 듣고 당황할 때가 있었다. 나는 나의 태도나 말이 권위적이라고 생각했으나 실제로는 공격적이었던 것이다. 가정에서는 객관화, 메타인지가 쉽지 않을 수 있음을 알아야 한다.

부모는 단호한 권위를 가져야 한다. 이 세상 권위는 쉽게 폭력으로 연결되기에 권위에 대한 거부감을 느끼는 경우가 흔하다. 그러나 권위가 떨어진 학교, 군대, 가정 등은 엄청난 기회비용을 지불하게 된다. 권위는 적절한 억제력이 되어 자녀들의 충동성 통제에 보이지 않는 기여를 한다.

성경에서는 죄가 들어오기 이전부터 자녀가 부모를 떠날 것을 명하고 있다(창2:24). '부모를 떠나'라는 말씀은 자녀 교육에 있어서 중요한 것은 **독립심**임을 의미한다. '부모를 떠나'라는 말씀은 자녀의 잠재력 발현에 큰 걸림돌이 부모의 보호와 사랑일 수 있다는 의미이다. 모두가 안전한 환경을 추구하지만, 성경은 안전보다는 자립, 독립을 통한 성장을 요구한다.

성경 곳곳에서는 하나님께서 선택한 이들을 익숙한 지역에서 낯선 곳으로 이주시키는 모습을 보게 된다. 야곱은 안락한 집을 떠나 외삼촌이 거주하는 하란(현 북부시리아, 터키접경)까지 이동했다가, 20년이 지난 후에 거부가 되어 고향(헤브론)으로 돌아온다. 요셉도 멀리멀리 애굽까지 이동한다. 성경 속의 인물들은 하나님의 큰 사건을 통해서 어쩔 수 없이 이동하게 된다. 이동해서 신앙적 자립, 재정적 자립에 대한 투쟁을 통해 엄청난 성장을 이룬다. 이스라엘 백성은 애굽으로 이동하여 한 가문(70명)에서 한 민족(200만명)으로 엄청난 규모로 성장하여 가나안으로 향한다(출 12:37).

독립은 부모나 자녀 모두를 상당히 주저하게 만드는 주제이다. 부유하거나 화목한 가정일수록 독립에 대한 주저는 더 강할 수밖에 없다. 너무 이른 독립과 너무 늦은 독립 모두 자녀에게 도움이 되지 않으므로, 독립 시기(타이밍)는 기도와 멘토의 코칭이 필요하다. 요셉과 다니엘은 17세경에 인위적으로 가족과 분리가 된다. 요셉이 자신을 가장 사랑했던 아버지 야곱 밑에서 자랐다면, 30세에 그 당시 가장 위대한 나라인 애굽의 총리가 될 수 있었을까?

& 한계상황

자신의 한계상황을 극복하는 경험을 위한 가장 좋은 방법은 한계상황을 극복한 이 옆에 있는 것이다. 음악의 천재들은 한 시대, 가까운 지역에 몰려 있었음을 기억해야 한다. 음악의 아버지 – 바흐, 음악의 어머니 – 헨델, 음악의 악성(성인이라고 이를 정도로 높은 경지에 이른 뛰어난 음악가) – 베토벤, 음악의 신동 – 모차르트, 교향곡의 아버지 – 하이든 등 모두 이웃 나라(독일, 오스트리아), 같은 언어(독일어), 인접한 시대(1700년)에 있었다.

다윗은 한계상황을 뛰어넘은 대표적인 사람이다. 한글 성경에는 거인이라는 표현이 5회가 나오는데, 그중에 4회가 모두 사무엘하 21장에 나온다. 다윗이 거인 장수 골리앗을 물리친 후 다윗과 같이 거인 적장들을 물리친 장수들이 나타난다(삼하 21:16,18,20,22). 다윗의 한계상황 극복은 옆에 있는 이들로 한계상황을 쉽게 극복하게 만들었다.

시편 27편 다윗의 시에 '내 부모는 나를 버렸다'고 간증하고 있다(시27:10). 다윗의 한계상황 극복에는 부모로부터 독립할 수밖에 없었던 아픈 가정사가 있었다. 자신의 숨겨져 있는 한계상황을 모르고 인생을 마치는 이들이 대다수다. 자신의 숨겨져 있는 재능을 제대로 발휘해 보지 못한 많은 이유가 부모의 보호 때문일 가능성이 매우 높다. 부모의 사랑과 보호는 어떤 시기에는 디딤돌이 되나, 어떤 시기에는 걸림돌이 될 수 있다.

& ## 자녀의 대인관계 욕구

인간에게는 3가지 대인관계 욕구(통제 욕구, 소속 욕구, 정서 욕구)가 있다. 부모는 자녀의 이러한 욕구를 적절하게 해결해 주기 위해 기도와 지혜가 필요하다. 교회 활동과 사회활동을 통해서 자녀의 소속 욕구를 해결해 주어야 한다. 또한 작은 책임감과 권한을 갖게 하여 통제 욕구도 해결해 주어야 한다. 깊은 정서적 교감을 나누는 시간을 통해 정서 욕구도 해결해 주어야 한다. 경제적으로 여유로울수록, 그리고 교회의 규모가 클수록 자녀의 소속 욕구, 통제 욕구, 그리고 정서 욕구를 해결하는 데 더 유리하다.

경제적으로 여유가 없고 시간적 여유가 없는 부모들은 기도와 지혜가 필요하다. 부모는 정서 욕구 해결만으로 소속 욕구나 통제 욕구도 해결될 수 없음을 알아야 한다. 세상에는 다양한 이유로 인해 이러한 자녀의 욕구 해결에 대하여 고민하는 부모들이 많이 있다. 자녀의 소속욕구 해결에 대한 고민으로 인해 교회에 첫발을 내딛는 중요한 발판이 될 수 있다. 교회는 교회와 이웃 자녀들의 소속 욕구 해결을 위한 장을 마련하기 위해 고민하고 기도해야 한다.

&   **소그룹 모임**

부모 역할은 끊임없이 기도해야 할 주제이다. 삼손의 어머니 마노아는 여호와의 사자에게 두 번씩이나 같은 질문을 한다. '이 아이를 어떻게 기르며 우리가 그에게 어떻게 행하리이까'(삿 13:8,12). 간절하게 기도했고, 기도의 응답으로 천사의 조언을 들었음에도, 삼손의 삶은 안타까움과 아쉬움으로 마무리된다. 아브라함, 이삭, 야곱의 고뇌는 자녀 교육에 있어서 부모의 기도만으로 부족하다는 것을 알려준다. 부모로서 먼저 고뇌했던 믿음의 선배들의 신뢰로운 피드백이 필요하다. 교회는 이러한 문제를 나누고 함께 기도할 수 있는 소그룹이 있어야 한다. 또한 교회는 부모님의 부재나 방임 가운데 있는 자녀들에게 아버지 역할과 어머니 역할을 할 수 있어야 한다.

Reference

참고 성구

[창2:24] 남자가 부모를 떠나 그의 아내와 합하여 둘이 한 몸을 이룰 지로다

[창21:9] 사라가 본즉 아브라함의 아들 애굽 여인 하갈의 아들이 이삭을 놀리는지라

[창21:14] 아브라함이 아침에 일찍이 일어나 떡과 물 한 가죽부대를 가져다가 하갈의 어깨에 메워 주고 그 아이를 데리고 가게 하니 하갈이 나가서 브엘세바 광야에서 방황하더니

[출12:37] 이스라엘 자손이 라암셋을 떠나서 숙곳에 이르니 유아 외에 보행하는 장정이 육십만 가량이요

[삼하13:28] 압살롬이 이미 그의 종들에게 명령하여 이르기를 너희는 이제 암논의 마음이 술로 즐거워할 때를 자세히 보다가 내가 너희에게 암논을 치라 하거든 그를 죽이라 두려워하지 말라 내가 너희에게 명령한 것이 아니냐 너희는 담대히 용기를 내라 한지라

[삼하16:22] 이에 사람들이 압살롬을 위하여 옥상에 장막을 치니 압살롬이 온 이스라엘 무리의 눈앞에서 그 아버지의 후궁들과 더불어 동침하니라

[삼하21:16] 거인족의 아들 중에 무게가 삼백 세겔 되는 놋 창을 들고 새 칼을 찬 이스비브놉이 다윗을 죽이려 하므로

[삼하21:18] 그 후에 다시 블레셋 사람과 곱에서 전쟁할 때에 후사 사람 십브개는 거인족의 아들 중의 삽을 쳐죽였고

[삼하21:20] 또 가드에서 전쟁할 때에 그 곳에 키가 큰 자 하나는 손가락과 발가락이 각기 여섯 개씩 모두 스물 네개가 있는데 그도 거인족의 소생이라

[삼하21:22] 이 네 사람 가드의 거인족의 소생이 다윗의 손과 그의 부하들의 손에 다 넘어졌더라

[시27:10] 내 부모는 나를 버렸으나 여호와는 나를 영접하시리이다

[왕상2:25] 여호야다의 아들 브나야를 보내매 그가 아도니야를 쳐서 죽였더라

MEMO

3회기.
얍복강

3회기. 얍복강

		년	월	일

1. 심신 이완

❶ 근육 이완(각 1분)

　측두근 → 교근 → 흉골근

❷ 마음 이완(각 5분)

　깊은 호흡 → 손 관찰하기 → 지금 여기

2. 집단 진행

❶ 본문 나눔

　본문 내용 함께 읽고 인상적인 내용 나누기

❷ 분노 적기

　– 숫자 적기 (최저 0~10 최고)

	분노 지수		분노 내용
	분노 크기	분노 조절	
가정(숙소)			
직장(학교)			
교회(모임)			

❸ 분노 나눔

　– 그 상황이 내 상황이라면 ~~

　　(충고 않기, 해석 않기, 판단 않기)

❹ 마무리

　– 오늘 집단 소감 나누기

2차. 불안 다루기

[분노 집단 1회~8회기 모두 마무리 후/2차 불안 집단 진행]

			년	월	일

1. 심신 이완
❶ 근육 이완(각 1분)
측두근 → 교근 → 흉골근
❷ 마음 이완(각 5분)
깊은 호흡 → 손 관찰하기 → 지금 여기
2. 집단 진행
❶ 본문 나눔
본문 내용 함께 읽고 인상적인 내용 나누기
❷ 불안 적기
– 숫자 적기 (최저 0~10 최고)

	불안 지수		불안 내용
	불안 크기	불안 조절	
가정(숙소)			
직장(학교)			
교회(모임)			

❸ 불안 나눔
** – 그 상황이 내 상황이라면 ~~**
(충고 않기, 해석 않기, 판단 않기)
❹ 마무리
– 오늘 집단 소감 나누기

3회기 - 얍복강

얍복강은 야곱 인생의 전환점인 곳이다. 얍복강은 야곱이 하나님을 만난 곳이다. 얍복강에서 야곱의 기도의 핵심은 에서(권력자, 결정권자, 힘 있는 자, 강한자)의 마음을 움직여 달라는 것, **'은혜를 입게 하옵소서'**이다. 다니엘, 모르두개, 에스더, 느헤미야 등 수많은 믿음의 조상들이 결정권자(권력자)의 마음을 움직여 달라는 기도를 했었다. 느헤미야의 기도 제목은 지금 우리의 주요한 기도 제목이다. '오늘 종이 형통하여 **이 사람 앞에서 은혜를 입게** 하옵소서 하였나니'(느1:11).

우리의 삶은 관리자, 행정자 등 **결정권자의 승낙**이 필요할 때가 많다. 특히 신앙하는 우리는 세상 사람들보다 더욱더 결정권자의 호의가 필요하다. 사단은 결정권자의 마음을 사로잡기 위해 강력하게 역사하고 있다(단10:13). 첫 만남 때 거절을 받으면, 두 번째 만남을 통한 승낙은 더욱 어려워진다. 첫 만남 때 원하는 승낙을 얻는 게 매우 중요하다.

느헤미야는 '예루살렘 성은 허물어지고 성문들은 불탔다'는 소식을 듣는다(느1:3). 왕의 은혜를 입어 예루살렘 성을 재건할 수 있도록 기도를 한다. 기도의 응답으로, '술 맡은 관원장'이 된다(느 1:11). 페르시아(바사) 왕에게 '네가 무엇을 원하느냐'(느2:4)라는 말을 듣기까지 4개월간의 간절한 기도가 있었다. 왕에게 처음 요청할 때 제대로 말해야 한다. 경황이 없어 중요한 것을 빠뜨리면 다시 왕에게 청하기는 매우 어렵다. 느헤미야의 묵상 내용은 설득력 있게 말하고 치밀하게 요청할 수 있는 지혜를 달라는 내용이었을 것이다(느2:4). 느헤미야의 기도 제목은 2500년이 지난 지금도 주요한 기도 제목이다.

우리는 기도의 응답을 통해서 하나님의 임재를 경험한다. 작은 기도의 응답(성공)이 쌓이면서 **믿음의 유능감**이 튼튼해진다. 하나님께서 기뻐하시는 기도에 대하여 몇 가지 살펴보자.

기도 형식

❶ 새벽 시간

예수님은 새벽 미명에 기도하셨다(막1:35). 새벽 미명은 조용하고 공복 상태이기에 집중력이 좋은 시간이다. 새벽 시간은 갑절로 은혜를 받는 시간이다. '내 영광아 깰지어다 비파야, 수금아, 깰지어다. 내가 새벽을 깨우리로다'(시57:8). '너희 중에 고난당하는 자가 있느냐 그는 기도할 것이요 즐거워하는 자가 있느냐 그는 찬송

할지니라'(약5:13).

나는 경제적환경, 가정환경, 기본지식 및 사회성 등에서 친구들에 비해 열악했다. 그러한 환경 가운데 소망을 이루어 갈 수 있었던 것은 새벽 시간의 능력이었다. 나는 새벽 시간에 말씀이나 서적에 대한 몰입, 지식 간의 상호작용에서 갑절의 은혜를 받아왔다. 새벽 시간을 사수하기 위해서는 전날 밤이 중요하다. 이른 저녁 식사(7시 전)나 가벼운 저녁 식사(7시 후), 이른 취침(10시 전) 등의 습관이 중요하다.

❷ 기도자세

성경에는 다양한 기도자세가 언급되고 있다. '**서서**', '**가슴을 치며**', '**손을 하늘로 향하여**', '**눈을 하늘을 향해**', '**무릎 꿇고**', '**얼굴을 땅에 대고**', '**얼굴을 무릎 사이에**', '**벽을 마주 보고**', '**크게 부르짖어**', '**입술만**', '**더불어(함께)**' 등 다양한 기도 자세들이 기록되었다 (왕상8:13, 22, 38, 54, 왕상18:42, 시123:1, 마26:39, 눅18:13, 눅22:41, 행21:5, 삼상1:13, 대하32:20).

'**눈을 감고**', '**손을 모으고**', '**예수님의 이름으로 기도합니다**' 등의 기도자세는 성경에서 찾아볼 수 없다. 성경에는 '**눈을 뜨고 기도**'하는 문구는 나오나 '**눈을 감고 기도**'하는 문구는 없다. '돌을 옮겨 놓으니 예수께서 **눈을 들어** 우러러 보시고 이르시되 아버지여 내 말을 들으신 것을 감사하나이다'(요11:41). '예수께서 이 말씀을 하시고 **눈을 들어** 하늘을 우러러 이르시되 아버지여 때가 이르렀사오니 아들을 영화롭게 하사 아들로 아버지를 영화롭게 하게 하옵소서'(요17:1).

성경에는 **하늘을 향해 손을 펴고 기도**하는 문구는 나오나 **두 손을 모으고 기도하는** 문구는 없다. '거룩한 손을 들어 기도하기를 원하노라'(딤전2:8). '솔로몬이 여호와의 제단 앞에서 이스라엘의 온 회중과 마주 서서 **하늘을 향하여 손을 펴고**'(왕상8:22). '한 사람이나 혹 주의 온 백성 이스라엘이 다 각각 자기의 마음에 재앙을 깨닫고 이 성전을 향하여 **손을 펴고** 무슨 기도나 무슨 간구를 하거든'(왕상8:38).

신약성경에 **'예수님의 이름으로 기도합니다'** 성구는 단 한 곳도 없다. 신약성경 기도문의 말미는 **'영광이 세세토록(영원무궁하도록, 영원히) 있을 지어다 아멘'**으로 끝나는 경우가 가장 많다(롬1:25, 롬 9:5, 롬11:36, 롬16:27, 갈1:5, 엡3:21, 빌4:20, 딤전1:17, 딤후4:18, 히 13:21, 벧전4:11, 벧전5:11, 유1:25, 계1:6, 계7:12). 신약성경에는 28회 걸쳐 '아멘'이 나오지만, '예수님의 이름으로 기도합니다 아멘'이나 이와 조금이라도 유사한 언급은 없다.

'예수님의 이름으로 구하라'(요14:14, 요15:16, 요16:24)는 의미에 대하여 신학적 논쟁을 하고자 언급한 것이 아니다. 저자 또한 **'눈을 감고', '두 손을 모으고', '예수님의 이름으로 기도합니다 아**

멘'으로 기도를 마무리한다. 그러나 '눈을 감아야 한다', '손을 모아야 한다', '예수님의 이름으로 기도합니다'를 붙여야 한다는 생각으로 인해, 교회와 가정이 아닌 곳에서 '쉬지 말고 기도'(살전 5:17)하는 데 **'불안감'**이나 **'부자연스러움'**을 준다면 그러한 형식에 매일 필요는 없다고 본다.

     &   **마음 자세**

❶ 겸손함

솔로몬은 기도의 열심도 있었지만 솔로몬의 기도 내용에 기뻐하시는 하나님을 본다. 솔로몬의 기도 응답을 통해서 하나님께서 기뻐하시는 마음 자세를 알 수 있다. '나의 하나님 여호와여 주께서 종으로 종의 아버지 다윗을 대신하여 왕이 되게 하셨사오나 종은 작은 아이라 출입할 줄을 알지 못한다'(왕상3:7)며 자신을 낮추고 낮추었다. '누가 주의 이 많은 백성을 재판할 수 있사오리이까 듣는 마음을 종에게 주사 주의 백성을 재판하여 선악을 분별하게 하옵소서'(왕상3:9). 하나님께서는 솔로몬의 **겸손한 자세**를 기뻐하셨다(왕상3:10, 사57:15, 눅18:3).

'두 사람이 기도하러 성전에 올라가니 하나는 바리새인이요 하나는 세리라 바리새인은 서서 따로 기도하여 이르되 하나님이여 나는 다른 사람들 곧 토색, 불의, 간음을 하는 자들과 같지 아니하고 이 세리와도 같지 아니함을 감사하나이다 **나는 이레에 두 번씩 금식하고 또 소득의 십일조를 드리나이다** 하고 세리는 멀리 서서 감히 눈을 들어 하늘을 쳐다보지도 못하고 다만 가슴을 치며 이르되 **하나님이여 불쌍히 여기소서 나는 죄인이로소이다** 하였느니라 내가 너희에게 이르노니 이에 저 바리새인이 아니고 이 사람이 의롭다 하심을 받고 그의 집으로 내려갔느니라 무릇 자기를 높이는 자는 낮아지고 **자기를 낮추는 자는 높아지리라** 하시니라'(눅 18:10~14).

❷ 기다림

조바심은 기도의 최대의 장애물이다. 성경 속 인물들을 보면 기도의 응답을 위해서 수십 년을 기다리는 것은 기본이다. 믿음의 조상인 아브라함은 자녀 출생(이삭)에 대한 응답으로 25년, 약속한 영토(창15:18)에 대한 응답(왕상4:21,24 대하9:26)으로 1000년(솔로몬 시대 이루어짐)의 기간이 필요했다. 아담과 하와에게 약속했던 구원자가 오시기까지 4000년의 기간이 필요했다(창3:15). 어떤 기도는 우리가 죽은 후, 한 참 뒤에 이루어질 수 있다. 꽃은 시들어도 하나님의 말씀은 결코 시들지 않는다(사40:8).

'너를 축복하는 자에게는 내가 복을 내리고 너를 저주하는 자에게는 내가 저주하리니 땅의 모든 족속이 너로 말미암아 복을 얻을 것이라'(창12:3). 아브라함 후손이 머물렀던 곳은 경제적으로 큰 축복을 받고, 아브라함 후손을 추방한 나라는 경제적으로 침체에 빠진다. 야곱이 머물므로 라반은 큰 축복을 받는다. 요셉이 머물므로 보디발은 큰 축복을 받는다. 아브라함 자손들이 머물므로 애굽은 큰 축복을 받는다. 이러한 역사는 현재 미국에 이르기까지 수천 년간 반복되고 있다.

노벨상은 다이너마이트를 발명한 스웨덴의 화학자 알프레드 노벨(Alfred B. Nobel)의 유언에 의해 설립되어, 1901년부터 수여되고 있다. 노벨상의 취지는 **인류복지에 가장 공헌한 사람들에게** 주어지는 상이다. 유대인은 세계 인구의 0.2%밖에 되지 않지만, 역대 노벨상 수상자의 22%나 차지한다. 현시대는 유대인을 통해 직·간접으로 엄청난 혜택을 받고 있다. 아브라함에게 약속하신 축복을 수 천 년이 지난 지금도 우리는 목격하고 있고 누리고 있다 (창12:3).

❸ 부르짖음

하나님의 뜻대로 기도하고 응답받지 못하는 주요한 이유는 두 가지이다. 때(시간)가 아직 안 되었거나 또는 간절한 태도를 갖지 못했기 때문이다. 기도의 기간보다 더 중요한 응답 조건은 간절함이다. 성경에는 '**부르짖음**'이라는 단어가 243회 나오는데, 대부분 기도와 관련된 언급이다. '주여 내게 은혜를 베푸소서 내가 종일 주께 **부르짖나이다**'(시86:3).

얍복강에서 야곱은 간절함이 무엇인지 보여준다. 야곱은 환도 뼈가 어긋나는 고통 가운데서도 하나님을 붙든다. 간절함은 목숨까지도 내려놓겠다는 자세와 연결된다. 욥은 '하나님이 나를 죽이실지라도 의지하겠다'(욥13:15, KJV)는 심정으로 하나님을 붙든다. 엘리야의 제자인 엘리사 또한 갑절의 은사를 받을 수 있었던 것도 **간절함**이었다(왕하2:6). 하나님께서는 두 사람이 합심해서 기도하라고 말씀하신다(마18:19). 합심 기도는 **더욱 인내할 수 있게** 할 뿐만 아니라 **더욱 간절해지게** 한다.

❹ 뻔뻔함

예수님께서는 기도 응답에 대하여 설교하시면서, '뻔뻔함'(히브리어, '후츠파')의 중요성을 강조하셨다. '그가 안에서 대답하여 이르되 나를 괴롭게 하지 말라 문이 이미 닫혔고 아이들이 나와 함께 침실에 누웠으니 일어나 네게 줄 수가 없노라'(눅11:7). 그럴지라도 노크할 수 있는 뻔뻔함이 기도 응답의 주요한 요건이다.

가나안(수로보니게, 두로와시돈, 現레바논) 여인은 개 취급을 받음에도 위축되지 않는 뻔뻔함으로 기도의 응답을 받았다(마15:27). 맹인 바디메오의 믿음을 예수님은 칭찬하신다. 맹인 바디메오는 많은 사람들의 제지에도 불구하고 큰 소리로 민폐를 끼친다(막10:48). 예수님은 바디메오가 큰 소리로 소원을 아뢰는 '뻔뻔함'을 믿음으로 보셨다. '내가 부끄러워하지 아니하고 내 얼굴을 부싯돌 같이 굳게 하였으므로'(사50:6). 강단 있는 믿음을 위해서는 사람의 낯(얼굴)을 두려워하지 않아야 한다(신1:17).

❶ 원한을 풀어 주소서

하나님은 **'원한을 풀어 달라'**는 기도 제목에 관심이 깊으시다. 그리스도인 심리학자 입장에서 그리스도인의 첫 번째 다짐은 '네 이웃을 내 몸같이 사랑하자'가 아니라, '네 이웃에게 원한을 갖게 하지 말자'가 되어야 한다고 본다. 하나님은 예배보다 먼저 원한을 해결하고 오라 할 정도로 억울함, 원한에 깊은 관심을 갖고 계신다. '그러므로 예물을 제단에 드리려다가 거기서 네 형제에게 원망들을 만한 일이 있는 것이 생각나거든 예물을 제단 앞에 두고 먼저 가서 형제와 화목하고 그 후에 와서 예물을 드리라(마 5:23,24)'.

누가복음 18장은 기도에 대한 중요한 교훈을 가르치는 대표적인 구절로 이루어진 장이다. '예수께서 그들에게 항상 기도하고 낙심하지 말아야 할 것을 비유로 말씀하여 이르시되 어떤 도시에 하나님을 두려워하지 않고 사람을 무시하는 한 재판장이 있는데 그 도시에 한 과부가 있어 자주 그에게 가서 내 원수에 대한 나의 **원한을 풀어** 주소서 하되… 이 과부가 나를 번거롭게 하니 내가 그 **원한을 풀어** 주리라 그렇지 않으면 늘 와서 나를 괴롭게 하리라 하였느니라… 하물며 하나님께서 그 밤낮 부르짖는 택하신 자들의 **원한을 풀어** 주지 아니하시겠느냐 그들에게 오래 참으시겠느냐 내가 너희에게 이르노니 속히 그 **원한을 풀어** 주시리라 그러나 인자가 올때에 세상에서 믿음을 보겠느냐 하시니라(눅18:1~8)'. 하나님은 원한을 풀어 주시는 분이라고 4번에 걸쳐서 반복하여 강조하신다.

예수님께서 재림하는 중대한 이유 중 하나가 원한을 풀어 주기 위함이라고 말씀하신다. '내가 본즉 이 뿔이 성도들과 더불어 싸워 그들에게 이겼더니 옛적부터 항상 계신 이가 **와서** 지극히 높으신 이의 **성도들을 위하여 원한을 풀어 주셨고** 때가 이르매 성도들이 나라를 얻었더라(단7:21,22)'. '다섯째 인을 떼실 때에 내가 보니 하나님의 말씀과 그들이 가진 증거로 말미암아 **죽임을 당한 영혼들이** 제단 아래에 있어 큰 소리로 불러 이르되 거룩하고 참되신 대주재여 땅에 거하는 자들을 심판하여 **우리 피를 갚아 주지** 아니하시기를 어느 때까지 하시려 하나이까 하니(계6:9,10)'.

❷ 시험에 들지 말게 하소서

예수님은 시험에 들지 않게 깨어 기도하라고 강조하신다(마 26:41, 막14:38, 눅22:46). 욥기서는 사단이 우리를 강렬하게 공격하는 이유를 알려준다. 사단의 목표는 그리스도인이 입술로 하나님께 원망하게 하는 것이다(욥1:22, 욥2:10). 나는 입술에서 원망, 불평, 남 탓이 나올 기미가 보이면 바로 기도해야 한다. 기도도 타이밍이 중요한데, 원망할 때 도움을 요청하는 기도보다는 원망하기 전 기도가 훨씬 효과적이다. 하나님은 우리가 사단의 시험, 즉 원망의 시험에 들지 않기를 원하시며 그러한 기도에 응답하시기를 기뻐하신다.

사고가 발생하기 전에 기도하는 것이 더 효과적이듯, 사단의 시험에 들기 전에 기도하는 것이 더 효과적이다. 사단이 역사하고 있는지를 알아차리는 것이 중요하며, 예수님께서는 이를 위해 깨어있으라고 말씀하셨다. 기도를 통해 우리는 깨어있을 수 있다(마 26:41). 기독교의 **알아차림**은 기도를 통한 깨어있는 것이다. **짜증**, **서운함**을 느낄 때 기도하는 것이 중요하다. 먹구름이 오면 비가 올 것을 예견할 수 있는 것처럼, 짜증과 서운함이 느껴지면 원망, 불평의 시험이 오고 있다는 싸인이다. 사단은 우리가 짜증과 서운함을 느낄 때 시험하기 위한 절호의 기회로 여긴다.

❸ 자기 부인

'이는 하늘이 땅보다 높음 같이 내 길은 너희의 길보다 높으며 내 생각은 너희의 생각보다 높음이니라'(사55:9). 내 생각이 틀릴 수 있다는 것을 인정하는 것이 겸손이고, 자기 부인이다. 생각은 지각과 해석이다. 우리의 지각은 상황에 따라, 나의 지식에 따라, 나의 욕구에 따라 달라진다. 무엇보다 탐스럽게 보일 때, 예쁘게 보일 때 죄가 시작되었다. '여자가 그 나무를 본즉 먹음직도 하고 **보암직도 하고** 지혜롭게 할 만큼 탐스럽기도'(창3:6). '하나님의 아들들이 사람의 딸들의 **아름다움을 보고** 자기들이 좋아하는 모든 여자를 아내로 삼는지라'(창6:2). '왕궁 옥상에서 거닐다가 그 곳에서 보니 한 여인이 목욕을 하는데 **심히 아름다워** 보이는지라'(삼하

11:2). '저분은 나를 멋지게 생각할 것이다', '저분은 나에게 반했을 것이다' 이런 생각이 올라오면 바로 기도한다.

하만이 죽기 전날 감정과 사고는 다음과 같았음을 알아야 한다. '그 날 하만이 **마음이 기뻐 즐거이 나오더니** 모르드개가 대궐문에 있어 일어나지도 아니하고 몸을 움직이지도 아니하는 것을 보고 매우 노하나'(에5:9). '또 하만이 이르되 왕후 에스더가 그 베푼 잔치에 왕과 함께 오기를 허락 받은 자는 **나밖에 없었고** 내일도 왕과 함께 청함을 받았느니라'(에5:12).

순간순간 우리의 생각에 번득이는 이미지가 생긴다. 그 이미지를 검증해야 한다. 순간 떠오르는 이미지에 인생을 걸다가 자신과 나라가 망한 경우가 허다하다. 그 이미지가 땅에서 올라온 것인지, 하늘에서 내려온 것인지 우림과 둠밈을 통해 검증해야 한다. Yse 인지, No 인지 하늘의 승인(Confirm)을 받아야 한다.

&   ## 한 달란트 신앙인의 오해

❶ 기도하며 기적을 바라지 말자

한 달란트 받은 종은 하나님의 전지전능함을 믿고 자연법칙을 넘는 기적을 믿었다(마25:24). 이러한 믿음을 하나님은 칭찬하시기보다 격하게 책망하셨다(마25:26). 믿음은 기대를 낳는다. 부적절한 기대는 기도 후 평안이 아닌 낙담과 분노의 발판이 되어 실족하게 할 수 있다. 하나님은 자연법칙, 인간관계 법칙을 만드셨다. 그리스도인은 자연법칙, 인간관계 법칙을 따라 할 수 있는 최선을 다해야 한다.

야곱은 성경에서 명장면 중 하나인 하나님과 씨름하기 전, 인간관계 법칙에 따라 에서의 감정을 풀기 위해 많은 예물을 보낸다(창32:20). 또한 야곱은 얍복강의 씨름을 마치고 이스라엘이란 승리의 칭호를 받고 돌아와서, 라헬과 요셉은 가장 안전한 위치에 배치를 하고(창33:2), 에서와 첫 만남시 땅에 머리를 대가며 일곱 번의 큰 절을 한다(창33:3). 야곱은 인간관계 법칙에 따라, 기도 전이나 기도 후에 할 수 있는 부분들을 최선을 다하였다. 그러한 야곱의 행동에 대하여 성경은 비판하지 않는다.

솔로몬의 재판은 교회를 다니지 않는 사람들까지도 감탄하는 명장면이다. 만약 솔로몬의 재판 시 기적을 통해서 문제를 해결했다면 3000년이 지난 시점까지, 교회를 다니지 않는 사람에게까지 감동을 줄 수 없다. 하나님께서는 솔로몬에게 건강한 상식을 주셨다. 솔로몬은 하나님께서 주신 건강한 상식 즉 지혜를 통해 두 여인의 갈등을 해결하였다. 때에 맞는 건강한 상식을 생각나게 하시는 분은 성령이시다.

❷ 기도는 의존적인 신앙인을 만드는 것이 아니다

'쉬지 말고 기도하라'(살전5:17)라는 의미를 사소한 것 하나하나, 하나님께 기도하는 삶이라고 믿는 이들이 많다. 엄마에게 모든 것을 의지하는 아이를 건강한 아이로 보지 않는다. 죄가 들어오기 전부터 하나님은 '부모를 떠나'라고 명하시며 '독립심'을 강조하셨다.

믿음과 의존을 구별할 수 있어야 한다. 의존하는 태도는 많은 시간이 흘러도 성숙한 신앙인이 될 수 없다. 기도는 의존적인 사람을 만드는 것이 아니다. 가장 믿음이 좋아 보이는 한 달란트 받은 종에게 하나님은 격한 책망을 하신다. '그 주인이 대답하여 이르되 악하고 게으른 종아 나는 심지 않은 데서 거두고 헤치지 않은 데서 모으는 줄로 네가 알았느냐'(마25:26). 스스로 결단할 수 있는 문제까지 시시콜콜 하나님께 매달리는 기도는 **믿음이 아니라 의존**이다.

'그들이 때를 따라 백성을 재판하되 **어려운 일은 모세에게 가져오고** 모든 **작은 일은 스스로** 재판하더라'(출18:26). '재판은 하나님께 속한 것인즉 너희는 재판할 때에 외모를 보지 말고 귀천을 차별 없이 듣고 사람의 낯을 두려워하지 말 것이며 **스스로 결단하기 어려운 일이 있거든** 내게로 돌리라 내가 들으리라 하였고'(신1:17).

한 달란트 종과 반대로 베드로는 자신의 힘으로 해결하려다가 반복적으로 시험에 든다. 믿음과 의존을 구별하는 데는 믿음의 선배들의 조언이 필요하다. 소그룹 모임을 통해서 함께 나누며 서로의 조언과 기도를 통해서, 믿음과 의존에 대한 분별력을 키워 가야 한다.

참고 신약성경 '**아멘**' 총27회 (구약23회)

[마6:13] 나라와 권세와 영광이 아버지께 영원히 있사옵나이다 **아멘**

[롬1:25] 주는 곧 영원히 찬송할 이시로다 **아멘**

[롬9:5] 그는 만물 위에 계셔서 **세세에 찬양**을 받으실 하나님이시니라 **아멘**

[롬11:36] 영광이 **세세에** 있을지어다 **아멘**

[롬15:33] 평강의 하나님께서 너희 모든 사람과 함께 계실지어다 **아멘**

[롬16:27] 영광이 **세세무궁하도록** 있을지어다 **아멘**

[고전14:16] 네가 무슨 말을 하는지 알지 못하고 네 감사에 어찌 **아멘** 하리요

[고후1:20] 그런즉 그로 말미암아 우리가 **아멘** 하여 하나님께 영광을 돌리게 되느니라

[갈1:5] 영광이 그에게 **세세토록** 있을지어다 **아멘**

[갈6:18] 우리 주 예수 그리스도의 은혜가 너희 심령에 있을지어다 **아멘**

[엡3:21] 교회 안에서와 그리스도 예수 안에서 영광이 **대대로 영**

원무궁하기를 원하노라 아멘

[딤전1:17] 하나님께 존귀와 영광이 **영원무궁하도록** 있을지어다 아멘

[딤전6:16] 그에게 존귀와 **영원한** 권능을 돌릴지어다 **아멘**

[딤후4:18] 그에게 영광이 **세세무궁토록** 있을지어다 **아멘**

[히13:21] 영광이 그에게 **세세무궁토록** 있을지어다 **아멘**

[벧전4:1] 그에게 영광과 권능이 **세세에 무궁하도록** 있느니라 **아멘**

[벧전5:11] 권능이 **세세무궁하도록** 그에게 있을지어다 **아멘**

[유1:25] 우리 구주 홀로 하나이신 하나님께 우리 주 예수 그리스 도로 말미암아 영광과 위엄과 권력과 권세가 영원 전부터 이제 와 **영원토록** 있을지어다 **아멘**

[계1:6] 영광과 능력이 **세세토록** 있기를 원하노라 **아멘**

[계1:7] 땅에 있는 모든 족속이 그로 말미암아 애곡하리니 그러하 리라 **아멘**

[계3:14] 아멘이시요 충성되고 참된 증인이시요

[계5:14] 네 생물이 이르되 **아멘** 하고 장로들은 엎드려 경배하더라

[계7:12] 이르되 **아멘** 찬송과 영광과 지혜와 감사와 존귀와 권능 과 힘이 우리 하나님께 **세세토록 있을지어다 아멘** 하더라

[계19:4] 하나님께 경배하여 이르되 **아멘** 할렐루야 하니

[계22:20] 내가 진실로 속히 오리라 하시거늘 **아멘** 주 예수여 오 시옵소서

[계22:21] 주 예수의 은혜가 모든 자들에게 있을지어다 **아멘**

Reference

참고 성구

[창12:3] 너를 축복하는 자에게는 내가 복을 내리고 너를 저주하는 자에게는 내가 저주하리니 땅의 모든 족속이 너로 말미암아 복을 얻을 것이라 하신지라

[창15:18] 그 날에 여호와께서 아브람과 더불어 언약을 세워 이르시되 내가 이 땅을 애굽강에서부터 그 큰 강 유브라데까지 네 자손에게 주노니

[창32:20,21] 또 너희는 말하기를 주의 종 야곱이 우리 뒤에 있다 하라 하니 이는 야곱이 말하기를 내가 내 앞에 보내는 예물로 형의 감정을 푼 후에 대면하면 형이 혹시 나를 받아 주리라 함이었더라 그 예물은 그에 앞서 보내고 그는 무리 가운데서 밤을 지내다가

[창33:2,3] 여종들과 그들의 자식들은 앞에 두고 레아와 그의 자식들은 다음에 두고 라헬과 요셉은 뒤에 두고 자기는 그들 앞에서 나아가되 몸을 일곱 번 땅에 굽히며 그의 형 에서에게 가까이 가니

[신1:17] 재판은 하나님께 속한 것인즉 너희는 재판할 때에 외모를 보지 말고 귀천을 차별 없이 듣고 사람의 낯을 두려워하지 말 것이며

[삼상1:13] 한나가 속으로 말하매 입술만 움직이고 음성은 들리지 아니

하므로 엘리는 그가 취한 줄로 생각한지라

[욥1:22] 이 모든 일에 욥이 범죄하지 아니하고 하나님을 향하여 원망하지 아니하니라

[욥2:10] 그가 이르되 그대의 말이 한 어리석은 여자의 말 같도다 우리가 하나님께 복을 받았은즉 화도 받지 아니하겠느냐 하고 이 모든 일에 욥이 입술로 범죄하지 아니하니라

[왕상3:7~10] 나의 하나님 여호와여 주께서 종으로 종의 아버지 다윗을 대신하여 왕이 되게 하셨사오나 종은 작은 아이라 출입할 줄을 알지 못하고 주께서 택하신 백성 가운데 있나이다 그들은 큰 백성이라 수효가 많아서 셀 수도 없고 기록할 수도 없사오니 누가 주의 이 많은 백성을 재판할 수 있사오리이까 듣는 마음을 종에게 주사 주의 백성을 재판하여 선악을 분별하게 하옵소서 솔로몬이 이것을 구하매 그 말씀이 주의 마음에 든지라

[왕상4:21] 솔로몬이 그 강에서부터 블레셋사람의 땅에 이르기까지와 애굽지경에 미치기까지의 모든 나라를 다스리므로 솔로몬이 사는 동안에 그 나라들이 조공을 바쳐 섬겼더라

[왕상4:24] 솔로몬이 그 강(유브라데) 건너편을 딥사에서부터 가사까지 모두, 그 강(유브라데) 건너편의 왕을 모두 다스리므로 그가 사방에 둘린 민족과 평화를 누렸으니

[왕상8:13] 솔로몬이 그 위에 서서 이스라엘의 모든 회중 앞에서 무릎을 꿇고 하늘을 향하여 손을 펴고

[왕상8:22] 솔로몬이 여호와의 제단 앞에서 이스라엘의 온 회중과 마주서서 하늘을 향하여 손을 펴고

[왕상8:38] 한 사람이나 혹 주의 온 백성 이스라엘이 다 각각 자기의 마음에 재앙을 깨닫고 이 성전을 향하여 손을 펴고 무슨 기도나 무슨 간구를 하거든

[왕상8:54] 솔로몬이 무릎을 꿇고 손을 펴서 하늘을 향하여 기도와 간구로 여호와께 아뢰기를 마치고

[왕상18:42] 땅에 꿇어 엎드려 그의 얼굴을 무릎 사이에 넣고

[왕하2:6] 여호와께서 살아 계심과 당신의 영혼이 살아 있음을 두고 맹세하노니 내가 당신을 떠나지 아니하겠나이다

[대하9:26] 솔로몬이 유브라데 강에서부터 블레셋 땅과 애굽 지경까지의 모든 왕을 다스렸으며

[대하32:20] 이러므로 히스기야 왕이 아모스의 아들 선지자 이사야와 더불어 하늘을 향하여 부르짖어 기도하였더니

[느1:3] 그들이 내게 이르되 사로잡힘을 면하고 남아 있는 자들이 그 지방 거기에서 큰 환난을 당하고 능욕을 받으며 예루살렘 성은 허물어지고 성문들은 불탔다 하는지라

[느1:11] 주여 구하오니 귀를 기울이사 종의 기도와 주의 이름을 경외하기를 기뻐하는 종들의 기도를 들으시고 오늘 종이 형통하여 이 사람 앞에서 은혜를 입게 하옵소서 하였나니 그 때에 내가 왕의 술 관원이 되었느니라

[느2:4] 왕이 내게 이르시되 그러면 네가 무엇을 원하느냐 하시기로 내가 곧 하늘의 하나님께 묵도하고

[욥13:15] (kJV) Though He slay me, yet will I trust Him.

[시123:1] 하늘에 계시는 주여 내가 눈을 들어 주께 향하나이다

[사40:8] 풀은 마르고 꽃은 시드나 우리 하나님의 말씀은 영원히 서리라

[사57:15] 지극히 존귀하며 영원히 거하시며 거룩하다 이름하는 이가 이와 같이 말씀하시되 내가 높고 거룩한 곳에 있으며 또한 통회하고 마음이 겸손한 자와 함께 있나니 이는 겸손한 자의 영을 소생시키며 통회하는 자의 마음을 소생시키려 함이라

[단10:13] 그런데 바사 왕국의 군주가 이십일 일 동안 나를 막았으므로 내가 거기 바사 왕국의 왕들과 함께 머물러 있더니 가장 높은 군주 중 하나인 미가엘이 와서 나를 도와 주므로

[마15:26,27] 대답하여 이르시되 자녀의 떡을 취하여 개들에게 던짐이 마땅하지 아니하니라 여자가 이르되 주여 옳소이다마는 개들도 제 주인의 상에서 떨어지는 부스러기를 먹나이다 하니

[마18:19,20] 진실로 다시 너희에게 이르노니 너희 중의 두 사람이 땅에서 합심하여 무엇이든지 구하면 하늘에 계신 내 아버지께서 그들을 위하여 이루게 하시리라 두세 사람이 내 이름으로 모인 곳에는 나도 그들 중에 있느니라

[마25:24] 한 달란트 받았던 자는 와서 이르되 주인이여 당신은 굳은 사람이라 심지 않은 데서 거두고 헤치지 않은 데서 모으는 줄을 내가 알았으므로

[마26:39] 얼굴을 땅에 대시고 엎드려 기도하여

[마26:41] 시험에 들지 않게 깨어 기도하라 마음에는 원이로되 육신이 약하도다 하시고

[막1:35] 새벽 아직도 밝기 전에 예수께서 일어나 나가 한적한 곳으로

가사 거기서 기도하시더니

[막10:48] 많은 사람이 꾸짖어 잠잠하라 하되 그가 더욱 크게 소리 질러 이르되 다윗의 자손이여 나를 불쌍히 여기소서 하는지라

[막14:38] 시험에 들지 않게 깨어 있어 기도하라 마음에는 원이로되 육신이 약하도다 하시고

[눅18:13] 세리는 멀리 서서 감히 눈을 들어 하늘을 쳐다보지도 못하고 다만 가슴을 치며 이르되 하나님이여

[눅22:41] 그들을 떠나 돌 던질 만큼 가서 무릎을 꿇고 기도하여

[눅22:46] 이르시되 어찌하여 자느냐 시험에 들지 않게 일어나 기도하라 하시니라

[요14:14] 내 이름으로 무엇이든지 내게 구하면 내가 행하리라

[요15:16] 너희가 나를 택한 것이 아니요 내가 너희를 택하여 세웠나니 이는 너희로 가서 열매를 맺게 하고 또 너희 열매가 항상 있게 하여 내 이름으로 아버지께 무엇을 구하든지 다 받게 하려 함이라

[요16:24] 지금까지는 너희가 내 이름으로 아무 것도 구하지 아니하였으나 구하라 그리하면 받으리니 너희 기쁨이 충만하리라

[행21:5] 갈릴리가 바닷가에서 무릎을 꿇어 기도하고

[살전5:17] 쉬지 말고 기도하라

MEMO

2.
중반기 :
파도

4회기.
가족 사망

4회기. 가족 사망

			년	월	일

1. 심신 이완

❶ 근육 이완(각 1분)

　측두근 → 교근 → 흉골근

❷ 마음 이완(각 5분)

　깊은 호흡 → 손 관찰하기 → 지금 여기

2. 집단 진행

❶ 본문 나눔

　본문 내용 함께 읽고 인상적인 내용 나누기

❷ 분노 적기

　– 숫자 적기 (최저 0~10 최고)

	분노 지수		분노 내용
	분노 크기	분노 조절	
가정(숙소)			
직장(학교)			
교회(모임)			

❸ 분노 나눔

　– 그 상황이 내 상황이라면 ~~

　　(충고 않기, 해석 않기, 판단 않기)

❹ 마무리

　– 오늘 집단 소감 나누기

2차. 불안 다루기

[분노 집단 1회~8회기 모두 마무리 후 / 2차 불안 집단 진행]

		년	월	일

1. 심신 이완

❶ 근육 이완(각 1분)

측두근 → 교근 → 흉골근

❷ 마음 이완(각 5분)

깊은 호흡 → 손 관찰하기 → 지금 여기

2. 집단 진행

❶ 본문 나눔

본문 내용 함께 읽고 인상적인 내용 나누기

❷ 불안 적기

– 숫자 적기 (최저 0~10 최고)

	불안 지수		불안 내용
	불안 크기	불안 조절	
가정(숙소)			
직장(학교)			
교회(모임)			

❸ 불안 나눔

– 그 상황이 내 상황이라면 ~~

(충고 않기, 해석 않기, 판단 않기)

❹ 마무리

– 오늘 집단 소감 나누기

4회기 - 가족 사망

야곱은 130년 나그넷길 험악한 세월을 보냈다고 자신의 삶을 요약한다(창47:9). 야곱은 800km 떨어진 곳에서 어머니 리브가의 사망 소식을 들었고 어머니 장례식에도 가지 못했다. 자신을 가장 사랑했던 사람이 바로 어머니 리브가였다. 또한 자신이 가장 사랑했던 아내인 라헬이 부인들 중에 가장 먼저 죽는다(창35:19). 자녀 중에서 가장 사랑했던 요셉이 사망했다는 소식을 듣는다(창37:33). 요셉 사망은 험악한 삶 중 최고 스트레스였을 것이다. 요셉을 형들에게 보낸 아버지 야곱은 아들 잃은 슬픔과 자신 때문에 죽었다는 자책감으로 20여 년을 보낸다. 사랑하는 이의 사망으로 인한 슬픔을 무엇으로 표현할 수 있겠는가. 야곱의 나그넷길은 그 누보다도 험악하였다.

미국의 홈스(Thomas Homles)와 나헤(Ricahrd Rahe)는 5천 명을 대상으로 생활사건 연구를 통해, **'가족 사망'**이 가장 큰 스트레스임을 확인하였다. 상담하다 보면 가혹한 시련 중의 하나가 갑작스러운 사고로 가족을 잃는 경우이다. 전화 한 통으로 가족이 사망했다는 소식을 들었을 때, 이때의 충격과 허망함을 어떻게 안고 살아갈 수 있을까?

야곱은 요셉의 사망 소식을 듣고 죽음을 달라고 울부짖는다. 창세기 37장은 자식 잃은 야곱의 울부짖음이 묘사되고 있다. '자기 옷을 찢고 굵은 베로 허리를 묶고 오래도록 그의 아들을 위하여 **애통하니** 그의 모든 자녀가 위로하되 그가 **그 위로를 받지 아니하여** 이르되 내가 슬퍼하며 스올로 내려가 아들에게로 가리라 하고 그의 아버지가 그를 위하여 **울었더라**'(창37:34,35).

죽음을 생각하면 지금, 이 순간의 삶이 얼마나 소중한 것이며, 이 순간의 평범함, 자녀들의 예의 없음, 부부간의 갈등마저도 평생 그리움이 된다는 것을 알게 된다. 우리가 스트레스 가운데 위로가 되는 것 중 하나가 지금 – 여기에 집중하는 것이다. **지금 – 이 순간은 다시는 안 온다.** 연령(발달 시기) 마다 보이는 풍경이 있다. 지금 나이가 아니면 볼 수 없는 삶의 풍경이 있다. 그렇게도 빨리 지나가길 바라던 이 시간도, 그리움의 대상이 될 수 있다.

저자의 어머니는 암으로 투병하시다가 중학교 1학년 봄에 사망하셨다. 같은 해 여름에 새어머니가 오셨는데, 이런저런 갈등으로 중3때 헤어지셨다. 고등학교 1학년 때 두 번째 새어머니가 오셨다. 중·고등학교 시간은 너무 느리게만 갔다. 학교엘 가도, 집엘 가도 적막감으로 울적했다. 우울하거나 불안할 때 주요한 증상 중 하나가 집중력이 떨어지는 것이다. 공부를 잘해서 학교에서나 교회에서 인정받고 싶었지만, 아무리 공부해도 집중이 안 되고 성적은 오르지 않았다. 신앙으로는 인정을 받을 수 있었기에, 종교에 더욱 몰두하였다. 엄마의 빈자리는 너무 컸으며 나의 성격은 성장이 멈춰 친구들에 비해 대인관계에 미성숙했다. 예민해 쉽게 상처받고, 사회성 부족으로 단체생활 적응에 어려움이 컸다.

신학생 때 학생 전도사 활동을 하는데, 청소년들을 지도하고 통솔하는 데 스트레스가 상당했다. 교회에 가야 할 시간이 다가오는 수요일부터는 가슴이 답답해지기 시작했다. 신학생 그 누구 못지않게 말씀과 종교 서적에 집중했다. 전체 신학과생의 모임인 신학회에서 신앙 부장을 맡기도 했다. 새벽기도에 대한 열심도 특심했다. 그러나 관계의 어려움은 여전하였다. **협소한 대인관계 반경, 미성숙한 성격 등이 신앙적 열심**과 합쳐지면서 부적절한 태도는 더욱 심해졌다. 관계의 어려움으로 더 이상 목회를 지원할 자신이 없었다.

대학원에서 (임상)심리학을 전공하였다. 지도교수는 나의 부적절한 태도를 지적하며 호되게 꾸짖었다. 졸업 후 병원(임상심리) 수련 때부터 수많은 사람을 만나며 심리검사를 하였다. 심리학 전공자라면 받아야 하는 교육분석(심리상담)을 받았다. 가정법원과 보호관찰소에서 수년 동안 많은 사람들을 만나 상담했다. 상담 경험과 함께 훌륭한 상담석학들을 책을 통해서 만났다. 건강한 상식이 누적되면서 공감 능력이나 소통 능력이 과거에 비해 향상되었다. 예민성은 예리함으로 변화되어 갔다. 무엇보다 감정을 공감하는 능력이 향상되었고, 상대의 강점을 찾아내는 능력도 예리해졌다(지난날을 돌아보면, 저는 본성적으로 따뜻하고 공감 능력이 뛰어나다고 생각했다. 하지만 좋은 의도만으로는 적절한 공감을 제공하기 어려웠다. 제 의도와 달리 부적절하거나 부자연스러운 공감으로 인해 어색해지는 경우가 많았다).

어느 날 가정법원에 방문했는데, 법원 조사관 몇 분이 내게 다가와 '법원에 선생님 팬클럽이 생겼다'는 말을 들을 정도로 상담의 유능감이 향상되었다. 가정법원 판사들 앞에서 상담위원들 대표로 사례발표를 하기도 했다. 결혼 초 나의 경직된 사고로 인해 부부간 소통의 어려움이 컸다. 건강한 상식이 누적되면서 부부간에도 과거에 비해 친밀해졌다. 무엇보다 건강한 상식은 성경에 대한 이해의 차원에 변화를 가져왔다.

앞에서도 언급한 것처럼, 교회는 애통한 일로 인해, 관계의 어려움이 있는 이들이 올 가능성이 높다. 묘목을 심는 것만으로, 시간이 흐르는 것만으로, 원하는 열매를 얻을 수 없는 것이 자연의 법칙이다. 영적 법칙도 마찬가지다. 입교만으로 상처가 치유되지 않는다. 신앙 연수만으로 그리스도의 향기가 될 수 없다. 교회는 상처 입고 예수님께 나온 이들을 위한 소그룹 집단(치유집단)을 갖추어야 한다. 교회는 초신자들이 믿음의 선배들의 코칭을 받을 수 있는 문화를 갖추어야 한다. 교회는 코칭 할 수 있는 지도자를 세우는 데 심혈을 기울여야 한다.

'너희의 각 지파에서 지혜와 지식이 있는 인정 받는 자들을 택하라 내가 그들을 세워 너희 수령을 삼으리라'(신1:13). '형제들아 너희 가운데서 성령과 지혜가 충만하여 칭찬 받는 사람 일곱을 택하라 우리가 이 일을 그들에게 맡기고'(행6:5).

[창35:19] 라헬이 죽으매 에브랏 곧 베들레헴 길에 장사되었고

[창37:33] 아버지가 그것을 알아보고 이르되 내 아들의 옷이라 악한 짐승이 그를 잡아먹었도다 요셉이 분명히 찢겼도다 하고

[창37:34,35] 자기 옷을 찢고 굵은 베로 허리를 묶고 오래도록 그의 아들을 위하여 애통하니 그의 모든 자녀가 위로하되 그가 그 위로를 받지 아니하여 이르되 내가 슬퍼하며 스올 로 내려가 아들에게로 가리라 하고 그의 아버지가 그를 위하여 울었더라

[창47:9] 야곱이 바로에게 아뢰되 내 나그네 길의 세월이 백삼십 년이니이다 내 나이가 얼마 못 되니 우리 조상의 나그네 길의 연조에 미치지 못하나 험악한 세월을 보내었나이다 하고

MEMO

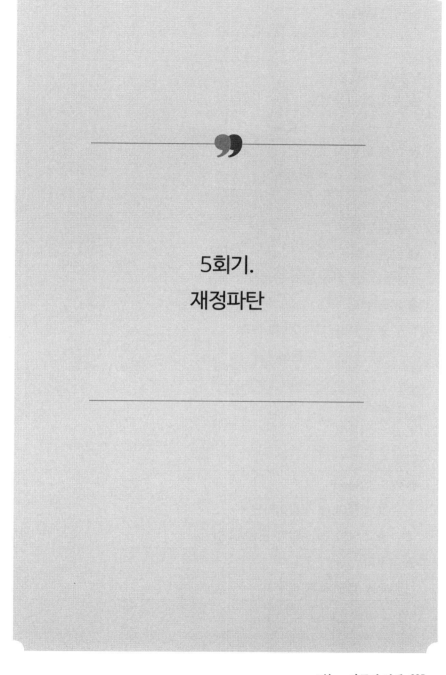

5회기.
재정파탄

5회기. 재정파탄

		년	월	일

1. 심신 이완

❶ 근육 이완(각 1분)

　측두근 → 교근 → 흉골근

❷ 마음 이완(각 5분)

　깊은 호흡 → 손 관찰하기 → 지금 여기

　

2. 집단 진행

❶ 본문 나눔

　본문 내용 함께 읽고 인상적인 내용 나누기

❷ 분노 적기

　– 숫자 적기 (최저 0~10 최고)

	분노 지수		분노 내용
	분노 크기	분노 조절	
가정(숙소)			
직장(학교)			
교회(모임)			

❸ 분노 나눔

**　– 그 상황이 내 상황이라면 ~~**

　　(충고 않기, 해석 않기, 판단 않기)

❹ 마무리

　– 오늘 집단 소감 나누기

2차. 불안 다루기

[분노 집단 1회~8회기 모두 마무리 후/2차 불안 집단 진행]

			년	월	일

1. 심신 이완

❶ 근육 이완(각 1분)

측두근 → 교근 → 흉골근

❷ 마음 이완(각 5분)

깊은 호흡 → 손 관찰하기 → 지금 여기

2. 집단 진행

❶ 본문 나눔

본문 내용 함께 읽고 인상적인 내용 나누기

❷ 불안 적기

– 숫자 적기 (최저 0~10 최고)

	불안 지수		불안 내용
	불안 크기	불안 조절	
가정(숙소)			
직장(학교)			
교회(모임)			

❸ 불안 나눔

– 그 상황이 내 상황이라면 ~~

(충고 않기, 해석 않기, 판단 않기)

❹ 마무리

– 오늘 집단 소감 나누기

5회기 - 재정파탄

성경에 대한 보편적인 오해가 정치와 돈에 대한 시선이다. 정치는 영성과 결이 다르다고 생각하는 경향이 있다. 요셉은 유능한 정치가였다(창41:41). 다니엘은 선지자이면서 정치가였다(단6:2). 느헤미야도 선지자이면서 정치가였다(느2:1). 모르두개도 고위직 정치가였다(에8:15). 모두 유능한 정치인이 되어 이스라엘 민족을 구원하는 데 큰 역할을 한다.

성경은 결코 부자를 정죄하지 않는다. 하나님께서는 욥을 경제적으로 넘치게 축복하셨다. 아브라함은 300명 식솔을 거느릴 정도로 부자였다(창14:14). 이삭은 '거부'였다고 기록하고 있다(창26:13). 야곱은 20년 뒤에 귀향하는 과정에 에서에게 많은 선물을 주면서 하나님의 은혜로 부자가 되었다고 말한다(창32:14, 창33:11). 욥은 고난 전에도 하나님의 축복으로 부자였으며 극한의 고난 후에도 하나님의 축복으로 부자가 되었다(욥1:3, 욥42:12).

돈을 사랑 한다면 일만 악의 뿌리인 것이지, 돈 자체가 악의 뿌리가 아니다(딤전6:10). 성경에서 '사랑한다', '미워한다'는 의미는 우선순위를 의미한다. '내가 야곱은 사랑하고 에서는 미워하였다'(롬9:13)는 말씀은 에서를 싫어했다는 의미가 아니다. '돈을 사랑한다'는 의미는 돈을 최우선으로 둔다는 의미이다.

& 재정 독립

36년간 하버드대학에서 아동심리학을 가르친 제롬 케이건(Jerome Kagan : 1929-2021)은 40년 이상의 연구를 통해서, 아동기 사회경제적 요소가 성인기 불안, 우울에 막대한 영향을 미침을 입증하였다. 아동기에 어떤 사회계층 가정에서 양육되었는지에 대한 정보만 있어도 미래의 기분장애를 예측할 수 있다는 것을 알아냈다. 심지어 사회경제적 수준에 의한 예측력은 어머니와의 애착 관계를 통한 예측보다 더 정확했다. 가정의 재정파탄을 위해 사단은 강력하게 영향력을 행사하고 있다. 재정문제로 사단의 시험에 들지 않게 깨어 기도해야 한다. '나를 가난하게도 마옵시고 부하게도 마옵시고 오직 필요한 양식으로 나를 먹이시옵소서'(잠30:8).

재정 독립이 이루어지지 않으면 신앙 집중에 상당한 어려움이 생긴다. 많은 이들이 신앙적 열심을 가지고 선교에 집중하나 그 집중을 지속하지 못하는 가장 큰 이유가 재정 독립과 관련이 깊다. 선교지, 군대와 같은 어려운 환경에서도 신앙에 충성했던 많은 이들이, 재정적 문제로 넘어지는 경우가 허다하다. 부모의 재정적인 부요를 자녀가 돈에 대한 철학 없이 물려받으면 그 재물을 지켜낼 수 없다. 돈에 대한 철학은 훌륭한 서적과 함께 신뢰로운 피드백을 줄 수 있는 멘토를 통해서 가능하다.

&   **부자 청년**

성경에서 구원은 죄에서 구원만을 언급하지 않는다. 성경에서 구원은 죄에서 구원, 질병에서 구원, 가난(채무)에서 구원이다. 죄의 무게, 질병의 무게, 가난의 무게는 유사하다. 그때 겪는 심적 고통(자책감, 수치심)은 유사하다.

예수님을 평생 한 번만 만날 수 있다면 예수님께 어떤 질문을 할까? 그러한 수많은 고민들 가운데 재물이 많은 청년은 **일생일대에 가장 중요한 질문**을 한다. 부자 청년은 영생에 대하여 질문한다(막10:17). 부자 청년의 질문은 신앙의 근간을 이루기에 예수님의 답변은 우리에게 많은 것을 시사한다. 예수님께서는 생명을 얻고자 하면 '십계명을 지킬 것'을 언급하면서, 최종적으로 '가난한 이들을 위해 나눔을 실천하라'고 강조하신다(막10:21). 하나님은 은혜를 주실 때 적절히 주시기보다는 넘치게 주신다(고후9:8). 넘친 부분은 나의 것이 아닌 이웃을 위해 '착한 일을' 위해 사용하라고 주신 것이다(고후9:8).

'셋째 해 곧 **십일조를** 드리는 해에 네 모든 소산의 십일조 내기를 마친 후에 그것을 **레위인과 객과 고아와 과부에게 주어** 네 성읍 안에서 먹고 배부르게 하라 그리 할 때에 네 하나님 여호와 앞에 아뢰기를 내가 **성물을** 내 집에서 내어 **레위인과 객과 고아와 과부에게 주기를** 주께서 내게 명령하신 명령대로 하였사오니 내가 주의 명령을 범하지도 아니하였고 잊지도 아니하였나이다'(신 26:12,13).

광야의 외치는 소리인 요한은 심판이 임박한 시점에 무엇을 해야 할지 묻는 이들에게 답하기를, '옷 두 벌 있는 자는 한 벌 있는 자에게 나누고 음식도 그렇게 나누라'고 답변을 했다(눅3:11). 요한은 재림 준비를 위해 직장을 버리고 마을을 떠나 외딴곳으로 가라고 권면하지 않았다. 심판이라는 두렵고 떨리는 상황에도 하나님께서 우리에게 요구하는 것은 단순하고 일관적이다. 계명을 지키고 지금 있는 곳에서 나눔을 실천하라고 말씀하신다. 십일금, 건축 헌금을 넉넉히 드릴지라도 그것이 가난한 이웃을 위한 나눔을 대신할 수 없다.

나누는 것은 한순간 결단으로 가능하다. 부자 청년을 향한 책망의 말씀인 '먼저 된 자가 나중 되고 나중 된 자가 먼저 된다(마 20:16)'는 의미는 나눔의 실천과 관련이 깊다. 부자 청년은 어린 시절부터 십계명을 신실하게 지켰으나 나눔의 삶에는 인색하였다. 부자 청년처럼 오랫동안 신앙을 해도 나눔에 인색한 신앙인이 있고, 회심하자마자 나눔을 실천하는 삭개오같은 신앙인이 있다(눅19:8). 나눔은 한순간의 결단으로 가능하다. 나눔을 실천할 때 구원을 선포하셨다(눅19:9). 아무리 성실하고 십계명을 잘 지킬지라도 인색한 신앙인은 이웃들에게 결코 향기와 매력을 발산할 수 없다.

나누지 않는 믿음은 죽은 믿음이다(약2:17). '만일 형제나 자매가 헐벗고 일용할 양식이 없는데 너희 중에 누구든지 그에게 이르되 평안히 가라, 덥게 하라, 배부르게 하라 하며 그 몸에 쓸 것을 주지 아니하면 무슨 유익이 있으리요'(약2:15,16).

아브라함은 나눔을 실천하다가 부지중에 천사를 대접하였다(히13:2). 이러한 아브라함의 성품을 롯이 배웠고, 롯 또한 나눔을 실천함으로 소돔 땅에서 극적으로 구원 받았다(창19:1). 어린이 설교 시간에 좋아하는 주제 중 하나가 '친구 사귀는 법'이다. 친구를 사귀기 위해 두 가지를 제시한다. 첫째 '잘 삐지지 않기', 둘째 '잘 나누어주기'이다. 나이가 들어도 잘 삐지고 인색한 사람이 있다. 이러한 삶은 아무리 신앙이 신실해 보여도, 친구 관계가 넓혀지지 않는다. 나눔은 초대교회 때와 같이 친밀감 형성과 전도에 지대한 영향을 끼친다(행2:45).

속히 부하고자

&

'충성된 자는 복이 많아도 속히 부하고자 하는 자는 형벌을 면하지 못하리라'(잠28:20). 가난하거나, 부채가 있거나, 투자를 해서 손실을 보게 되면, 자연스럽게 '속히 부하고자'하는 조바심이 든다. '속히 부하고자'는 '속히 채무를 갚고자', '속히 손실을 만회하고자' 등 다양한 조바심으로 나타난다. 그때 사단의 올무에 걸려 가족도, 친구도, 신앙도 모두 끔찍한 파탄으로 내몰리게 된다. 욥을 향한 사단을 보라. 사단에게 자비란 없다. 불쌍히 여기는 마음이란 없다. 경제적 급격한 환경 변화는 사단이 즐겨 사용하는 시험이다.

주식, 부동산, 사업 시작 시, '속히 부하고자'하는 조바심이 들면 일단 멈추고 기도하라. '속히 부하고자'하는 조바심('속히 채무를 갚고자 하는 마음', '속히 원금을 회복하고자 하는 마음') 자체가 사단이 역사하고 있다는 의미이다. '근신하라 깨어라 너희 대적 마귀가 우는 사자 같이 두루 다니며 삼킬 자를 찾나니'(벧전5:8). 주식, 부동산, 사업 등 어떤 형태이든 투자를 시작하기 전, 재정 전문 목회자와 해당 분야 전문가를 찾아가 점검(confirm)을 받고 시작하라.

채무자는 자책감과 수치심 때문에, 자신의 입장을 있는 그대로 드러내기가 심히 어렵다. 목회자도 재정 분야에 대한 전문목회자가 있어야 한다. 그래서 교회 내에 재정 관련 상담 필요시 재정 전문 목회자에게 연계해 줄 시스템이 있어야 한다. 교회는 채무, 사업(투자) 실패로 고통당하는 형제들의 멍에를 가볍게 하기 위한 구제기금을 마련해 두어야 한다. 교회는 사업이나 투자를 하는 교우들을 위한 자문, 위로, 기도할 수 있는 부서를 만들어야 한다. 목회자는 주기적으로 재정에 대한 설교와 교육의 시간을 할애해야 한다.

Reference
참고 성구

[창14:14] 아브람이 그의 조카가 사로잡혔음을 듣고 집에서 길리고 훈
련된 자 삼백십팔 명을 거느리고 단까지 쫓아가서

[창19:1~3] 저녁때에 그 두 천사가 소돔에 이르니 마침 롯이 소돔 성
문에 앉아 있다가 그들을 보고 일어나 영접하고 땅에 엎드려 절하며
이르되 내 주여 돌이켜 종의 집으로 들어와 발을 씻고 주무시고 일
찍이 일어나 갈 길을 가소서 그들이 이르되 아니라 우리가 거리에서
밤을 새우리라 롯이 간청하매 그제야 돌이켜 그 집으로 들어오는지
라 롯이 그들을 위하여 식탁을 베풀고 무교병을 구우니 그들이 먹으
니라

[창26:13] 그 사람(이삭)이 창대하고 왕성하여 마침내 거부가 되어

[창32:14,15] 암염소가 이백이요 숫염소가 이십이요 암양이 이백이요
숫양이 이십이요 젖 나는 낙타 삼십과 그 새끼요 암소가 사십이요
황소가 열이요 암나귀가 이십이요 그 새끼 나귀가 열이라

[창33:11] 하나님이 내게 은혜를 베푸셨고 내 소유도 족하오니 청하건
대 내가 형님께 드리는 예물을 받으소서 하고 그에게 강권하매 받으
니라

[창41:41] 바로가 또 요셉에게 이르되 내가 너를 애굽 온 땅의 총리가 되게 하노라 하고

[느2:1] 아닥사스다 왕 제이십년 니산월에 왕 앞에 포도주가 있기로 내가 그 포도주를 왕에게 드렸는데 이전에는 내가 왕 앞에서 수심이 없었더니

[에8:15] 모르드개가 푸르고 흰 조복을 입고 큰 금관을 쓰고 자색 가는 베 겉옷을 입고 왕 앞에서 나오니 수산 성이 즐거이 부르며 기뻐하고

[욥1:3] 욥의 소유물은 양이 칠천 마리요 낙타가 삼천 마리요 소가 오백 겨리요 암나귀가 오백 마리이며 종도 많이 있었으니 이 사람은 동방 사람 중에 가장 훌륭한 자라

[욥42:12] 여호와께서 욥의 말년에 욥에게 처음보다 더 복을 주시니 그가 양 만 사천과 낙타 육천과 소 천 겨리와 암나귀 천을 두었고

[단6:2] 또 그들 위에 총리 셋을 두었으니 다니엘이 그 중의 하나이라

[막10:17~21] 예수께서 길에 나가실 새 한 사람이 달려와서 꿇어 앉아 묻자오되 선한 선생님이여 내가 무엇을 하여야 영생을 얻으리이까 예수께서 이르시되 네가 어찌하여 나를 선하다 일컫느냐 하나님 한 분 외에는 선한 이가 없느니라 네가 계명을 아나니 살인하지 말라, 간음하지 말라, 도둑질하지 말라, 거짓 증언 하지 말라, 속여 빼앗지 말라, 네 부모를 공경하라 하였느니라 그가 여짜오되 선생님이여 이것은 내가 어려서부터 다 지켰나이다 예수께서 그를 보시고 사랑하사 이르시되 네게 아직도 한 가지 부족한 것이 있으니 가서 네게 있는 것을 다 팔아 가난한 자들에게 주라 그리하면 하늘에서 보화가 네게 있으리라 그리고 와서 나를 따르라

[눅3:9~11] 이미 도끼가 나무뿌리에 놓였으니 좋은 열매 맺지 아니하는 나무마다 찍혀 불에 던져지리라 무리가 물어 이르되 그러면 우리가 무엇을 하리이까 대답하여 이르되 옷 두 벌 있는 자는 옷 없는 자에게 나눠 줄 것이요 먹을 것이 있는 자도 그렇게 할 것이니라 하고

[눅19:8,9] 삭개오가 서서 주께 여짜오되 주여 보시옵소서 내 소유의 절반을 가난한 자들에게 주겠사오며 만일 누구의 것을 속여 빼앗은 일이 있으면 네 갑절이나 갚겠나이다 예수께서 이르시되 오늘 구원이 이 집에 이르렀으니

[행2:45~47] 또 재산과 소유를 팔아 각 사람의 필요를 따라 나눠 주며 날마다 마음을 같이하여 성전에 모이기를 힘쓰고 집에서 떡을 떼며 기쁨과 순전한 마음으로 음식을 먹고 하나님을 찬미하며 또 온 백성에게 칭송을 받으니 주께서 구원 받는 사람을 날마다 더하게 하시니라

[고후9:8] 하나님이 능히 모든 은혜를 너희에게 넘치게 하시나니 이는 너희로 모든 일에 항상 모든 것이 넉넉하여 모든 착한 일을 넘치게 하게 하려 하심이라

[딤전6:10] 돈을 사랑함이 일만 악의 뿌리가 되나니

[히13:2] 손님 대접하기를 잊지 말라 이로써 부지중에 천사들을 대접한 이들이 있었느니라

[약2:17] 이와 같이 행함이 없는 믿음은 그 자체가 죽은 것이라

MEMO

6회기.
성일탈

6회기. 성일탈

	년 월 일

1. 심신 이완

❶ 근육 이완(각 1분)

　측두근 → 교근 → 흉골근

❷ 마음 이완(각 5분)

　깊은 호흡 → 손 관찰하기 → 지금 여기

2. 집단 진행

❶ 본문 나눔

　본문 내용 함께 읽고 인상적인 내용 나누기

❷ 분노 적기

　– 숫자 적기 (최저 0~10 최고)

	분노 지수		분노 내용
	분노 크기	분노 조절	
가정(숙소)			
직장(학교)			
교회(모임)			

❸ 분노 나눔

– 그 상황이 내 상황이라면 ~~

　(충고 않기, 해석 않기, 판단 않기)

❹ 마무리

　– 오늘 집단 소감 나누기

2차. 불안 다루기

[분노 집단 1회~8회기 모두 마무리 후/2차 불안 집단 진행]

	년 월 일
1. 심신 이완	
❶ 근육 이완(각 1분)	
측두근 → 교근 → 흉골근	
❷ 마음 이완(각 5분)	
깊은 호흡 → 손 관찰하기 → 지금 여기	
2. 집단 진행	
❶ 본문 나눔	
본문 내용 함께 읽고 인상적인 내용 나누기	
❷ 불안 적기	
– 숫자 적기 (최저 0~10 최고)	

	불안 지수		불안 내용
	불안 크기	불안 조절	
가정(숙소)			
직장(학교)			
교회(모임)			

❸ 불안 나눔
– 그 상황이 내 상황이라면 ~~
(충고 않기, 해석 않기, 판단 않기)
❹ 마무리
– 오늘 집단 소감 나누기

6회기 - 성일탈

경제 파탄과 성일탈은 사람을 궁지로 몰아, 결국 죽음의 극단까지 내몬다. 당사자나 귀한 가족 구성원을 죽음에 이르게 한다. 성적 일탈을 꿈꾸는 경우, 목숨을 담보로 할 각오를 해야 한다. 성경에 기록된 끔찍한 사건 중 하나가 집단성폭력으로 인해, 한 여성이 사망한 사건이다(삿19:25,26). 이 일의 파장으로 가해자들을 감싼 베냐민 지파의 남성들이 거의 전멸할 지경에 이른다(삿21:3).

성경은 현재의 재산과 현재의 배우자에 더해, 더 많은 재산과 더 나의 이성을 꿈꾸는 것을 탐심이라 정의한다. 죄는 탐심으로 시작된다. 하와와 다윗이 잠시 동안의 **탐심**으로 상상할 수 없는 대가를 치렀다. 그들이 탐했던 열매와 여인 모두 결국 흙으로 돌아갔다. 우리 모두 흙에서 왔으므로 흙으로 돌아갈 것이다. 어찌 내 목숨과 소중한 가족의 목숨을 한 줌의 흙을 위해 걸었을까? 이 얼마나 어리석은 일인가?

감정의 가장 큰 고통은 바로 수치심과 자책감이다. 성범죄 피해자는 수치심과 자책감으로 인생을 힘겹게 지낼 수 있다. 다말은 성범죄 피해 후 생존하였으나, '그의 오라버니 압살롬의 집에 있어 처량하게 지'낸다(삼하13:20). 여동생 다말의 비참한 삶을 목격한 후, 2년 뒤 압살롬은 가해자인 암논을 공개적으로 처단한다(삼하13:29).

폭력을 가한 암논에 대한 분노감 만큼, 가해자를 처벌하지 않은 아버지 다윗에 대한 압살롬의 분노감은 상당했다. 압살롬은 왕인 아버지를 대적하여 국가 반역을 일으킨다. 결국 가해자인 암논의 비참한 마지막처럼, 피해자의 친오빠 압살롬의 삶도 비참하게 끝난다. 피해를 입고 복수심이 일어나는 것은 자연스러운 것이나, 복수심을 품게 되면 사단의 시험에 들게 된다. 복수심이 드는 것은 자연스러우나 복수는 '복수하시는 하나님'(시94:1)게 맡기는 게 안전하다.

다윗 당시 천재 전략가(삼하16:23)였던 아히도벨은 성폭력 피해자 밧세바의 조부였다. 아히도벨은 가해자 다윗에 대한 분노로 압살롬의 국가 반역에 가담했다가 비참한 최후를 맞는다(삼하17:23). 복수심을 품은 피해자(또는 가족들)는 사단의 시험에 들기 쉽다. 피해자와 그의 가족들의 치유를 위해서라도 가해자에 대하여 합당한 처벌이 이루어져야 한다. 또한 교회는 피해자와 그의 가족들의 치유를 위한 계획을 반드시 고민해야 한다.

다윗이 암논에 대하여 제대로 처벌했더라면 피해자와 그의 가족들도 어느 정도 치유가 되었을 것이다. 다윗은 본인의 성범죄로 인해 암논을 제대로 처벌할 수 없었다.

추장(세겜)에게 성폭력을 당했던 야곱의 딸 **디나**를 비난하는 이들도 있다. 디나가 조신하지 못해 세상 구경을 나가서, 성폭력을 당했다고 주장하시는 분도 있다. 그렇게 말하는 것은 사실 여부를 떠나서 피해자의 상처를 후벼 파는 것이다. 성폭력 피해자 디나는 애굽으로 내려갈 때 남편이나 자녀에 대한 언급 없이 싱글로 내려간다(창46:15).

                                                                가해자

이스라엘 민족은 광야에서 하나님의 강력한 임재를 목격했음에도, 성범죄로 인해 광야에서 이만 삼천 명이 죽는다(민25:9, 고전 10:8). 선지자 발람은 성(性)적 시험이 얼마나 강력한지를 잘 알고 있었다(벧후2:15). 성범죄는 사람을 우둔하게 만든다. 그 똑똑하고 용맹했던 다윗을 우둔하고 비겁한 이가 되게 하였다. 다윗은 충신 중의 충신이었던 피해자의 남편 우리야를 청부 살해한다(삼하11:11).

나는 보호관찰소에서 성범죄 후 재판이 끝난 내담자(가해자)를 대상으로 오랫동안 상담을 해왔다. 그동안 수많은 내담자들을 만났다. 성범죄 내담자를 만나보면 술로 인해 너무 많은 것들을 잃어버린 경우를 종종 보게 된다. 성경은 술 마시는 것을 정죄하지 않으나 '**술 취하지 말라**'고 강력하게 경고하고 있다(엡5:18, 잠20:1). 술을 마시고 기억을 잃어버리거나(블랙아웃), 또는 술을 마시면 공격성이 올라가는 사람이 있다. 이 두 가지 중 어느 하나라도 해당한다면 술을 반드시 끊어야 한다. 결혼할 상대가 이런 문제가 있다면, 결혼에 관한 결정을 재고해야 한다.

성범죄가 잠깐의 실책이었다고 항변할지라도, 그 파괴력은 죽는 그 날까지 지속된다는 것을 알아야 한다. 르우벤과 다윗은 죽는 그날까지 죄책감과 위축된 삶을 살게 된다(창35:22).

세겜(창34:2), 르우벤, 암논(삼하13:11) 모두 장자(왕자)였다. 그러나 그들은 성(性) 비행으로 잃어버린 영향력(명예)을 다시는 회복하지 못했다. 성범죄의 핵심은 **성(性)욕구의 문제**가 아닌 **권력의 문제**가 더 크다. 세겜(추장), 암논(왕자), 다윗(왕)은 모두 최고의 권력을 가졌다. 여인 밧세바가 왕인 다윗(최고 권력자)의 수청을 거절하기는 불가능했을 것이다(삼하11:4). 권력을 갖게 되면 자기조절에 어려움을 갖게 되어 폭력에 둔감해지기 쉽다.

술과 권력은 자기 조절력을 떨어뜨려 폭력들을 유발시킨다.

세상 곳곳에는 술이 없었다면, 그 지위가 아니었다면, 상상할 수 없는 폭력을 유발하지 않았을 사건들이 셀수 없을 정도로 차고 넘친다.

&   요셉의 승리

    요셉의 업무에 대한 유능감과 성실성은 보디발 부인의 유혹을 넘어서는 데 큰 역할을 했을 것이다(창39:10). 요셉은 총리로서 유능감을 발휘한다. 유능감 향상을 위해서 필요한 것은 작은 성공 경험이다. 지금 – 여기, 가장 가까이에 있는 '지극히 작은 일에 충성함'으로 성공(인정 받는) 경험을 가져야 한다(눅16:10). 심판 때에 하나님의 칭찬은 '지극히 작은 것'에 대한 것이다(눅19:17). 요셉은 보디발 집에서 총무로 인정받았다(창39:5). 또한 감옥에서도 관리대행으로 인정받았다(창39:23). 이러한 성공 경험들은 요셉의 유능감을 향상시켰다. 그래서 총리라는 무겁고 큰 책무에서도 유능감을 발휘하여 놀라운 성취(국가재정, 행정력)를 할 수 있었다(창41:38).

&   두렵고 떨림으로

    다윗의 성범죄, 삼손의 성적 이탈 등은 모두 성령 충만한 경험을 한 이후에 있었던 일들이다. 성령충만의 경험만으로 육체의 정욕을 제어하는 데 한계가 있다. 육체의 정욕에 대한 치료제로 홍수 요법(욕구를 질리도록 충족시켜줌)은 적절한 처방이 아님을, 1000명의 파트너를 둔 솔로몬의 삶을 통해 알 수 있다(왕상11:3).

하나님은 육체의 정욕에 대한 치료제로 '두렵고 떨리'는 경험을 처방하신다(빌2:12). 다윗은 하나님의 임재를 수 없이 경험했던 인물이다. 그럼에도 육체의 정욕에 압도되어 성폭력을 저지른다. 다윗은 처절하게 두렵고 떨리는 경험을 한다. 다윗은 왕이었으며, 그 누구보다 하나님의 크신 임재를 경험했기에, 다윗의 범죄에 대한 형벌은 그 누구보다 가혹했다.

하나님의 큰 은혜를 받았던 다윗은 예수님과 버금가는 심적 고통을 겪는다. 두렵고 떨리는 경험은 다윗의 뼈를 마르게 하였다(시31:10). 다윗은 자신이 벌레 같은 무가치한 존재로 여겨졌다(시22:6). 예수님의 **'두렵고 떨림'**은 인류를 대신하여 겪었으며, 다윗의 **'두렵고 떨림'**은 자신의 죄 때문에 겪었다. '두렵고 떨리'는 경험, '사망의 음침한 골짜기'를 통과한 다윗은, 두고두고 하나님의 큰 사랑을 받는다.

[창34:2] 히위 족속 중 하몰의 아들 그 땅의 추장 세겜이 그를 보고 끌어들여 강간하여 욕되게 하고

[창35:21,22] 에델 망대를 지나 장막을 쳤더라 이스라엘이 그 땅에 거주할 때에 르우벤이 가서 그 아버지의 첩 빌하와 동침하매 이스라엘이 이를 들었더라

[창39:5] 그가 요셉에게 자기의 집과 그의 모든 소유물을 주관하게 한 때부터 여호와께서 요셉을 위하여 그 애굽 사람의 집에 복을 내리시므로 여호와의 복이 그의 집과 밭에 있는 모든 소유에 미친지라

[창39:10] 여인이 날마다 요셉에게 청하였으나 요셉이 듣지 아니하여 동침하지 아니할 뿐더러 함께 있지도 아니하니라

[창39:23] 간수장은 그의 손에 맡긴 것을 무엇이든지 살펴보지 아니하였으니 이는 여호와께서 요셉과 함께 하심이라 여호와께서 그를 범사에 형통하게 하셨더라

[창41:36-39] 이와 같이 그 곡물을 이 땅에 저장하여 애굽 땅에 임할 일곱 해 흉년에 대비하시면 땅이 이 흉년으로 말미암아 망하지 아니하리이다 바로와 그의 모든 신하가 이 일을 좋게 여긴지라 바로가

그의 신하들에게 이르되 이와 같이 하나님의 영에 감동된 사람을 우리가 어찌 찾을 수 있으리요 하고 요셉에게 이르되 하나님이 이 모든 것을 네게 보이셨으니 너와 같이 명철하고 지혜 있는 자가 없도다

[창46:15] 이들은 레아가 밧단아람에서 야곱에게 난 자손들이라 그 딸 디나를 합하여 남자와 여자가 삼십삼 명이며

[민25:9] 그 염병으로 죽은 자가 이만 사천 명이었더라

[삿19:25] 무리가 듣지 아니하므로 그 사람이 자기 첩을 붙잡아 그들에게 밖으로 끌어내매 그들이 그 여자와 관계하였고 밤새도록 그 여자를 능욕하다가 새벽 미명에 놓은지라

[삿19:26] 동틀 때에 여인이 자기의 주인이 있는 그 사람의 집 문에 이르러 엎드러져 밝기까지 거기 엎드러져 있더라

[삿21:3] 이스라엘의 하나님 여호와여 어찌하여 이스라엘에 이런 일이 생겨서 오늘 이스라엘 중에 한 지파가 없어지게 하시나이까 하더니

[삼하11:4] 다윗이 전령을 보내어 그 여자를 자기에게로 데려오게 하고 그 여자가 그 부정함을 깨끗하게 하였으므로 더불어 동침하매 그 여자가 자기 집으로 돌아가니라

[삼하11:11] 우리아가 다윗에게 아뢰되 언약궤와 이스라엘과 유다가 야영 중에 있고 내 주 요압과 내 왕의 부하들이 바깥들에 진 치고 있거늘 내가 어찌 내 집으로 가서 먹고 마시고 내 처와 같이 자리이까

[삼하13:4,11,15] 요나답(다윗의 형 시므아의 아들이요 심히 간교한 자라) 암논에게 이르되 왕자여 당신은 어찌하여 나날이 이렇게 파리하여 가느냐 내게 말해 주지 아니하겠느냐 하니 암논이 말하되 내가 아우 압살롬의 누이 다말을 사랑함이니라 하니라~그에게 먹이려고 가까

이 가지고 갈 때에 암논이 그를 붙잡고 그에게 이르되 나의 누이야 와서 나와 동침하자 하는지라 그리하고 ～ 암논이 그를 심히 미워하니 이제 미워하는 미움이 전에 사랑하던 사랑보다 더한지라

[삼하13:29] 압살롬의 종들이 압살롬의 명령대로 암논에게 행하매 왕의 모든 아들들이 일어나 각기 노새를 타고 도망하니라

[삼하16:23] 그 때에 아히도벨이 베푸는 계략은 사람이 하나님께 물어서 받은 말씀과 같은 것이라 아히도벨의 모든 계략은 다윗에게나 압살롬에게나 그와 같이 여겨졌더라

[삼하17:23] 아히도벨이 자기 계략이 시행되지 못함을 보고 나귀에 안장을 지우고 일어나 고향으로 돌아가 자기 집에 이르러 집을 정리하고 스스로 목매어 죽으매 그의 조상의 묘에 장사되니라

[왕상11:3] 왕은 후궁이 칠백 명이요 첩이 삼백 명이라 그의 여인들이 왕의 마음을 돌아서게 하였더라

[시22:6] 나는 벌레요 사람이 아니라 사람의 비방거리요 백성의 조롱거리니이다

[시31:10] 나의 죄악 때문에 약하여지며 나의 뼈가 쇠하도소이다

[시94:1] 여호와여 복수하시는 하나님이여 복수하시는 하나님이여 빛을 비추어 주소서

[잠20:1] 포도주는 거만하게 하는 것이요 독주는 떠들게 하는 것이라 이에 미혹되는 자마다 지혜가 없느니라

[눅16:10] 지극히 작은 것에 충성된 자는 큰 것에도 충성되고 지극히 작은 것에 불의한 자는 큰 것에도 불의하니라

[눅19:17] 주인이 이르되 잘하였다 착한 종이여 네가 지극히 작은 것에

충성하였으니 열 고을 권세를 차지하라 하고

[고전10:8] 그들 중의 어떤 사람들이 음행하다가 하루에 이만 삼천 명이 죽었나니 우리는 그들과 같이 음행하지 말자

[엡5:18] 술 취하지 말라 이는 방탕한 것이니

[빌2:12] 그러므로 나의 사랑하는 자들아 너희가 나 있을 때뿐 아니라 더욱 지금 나 없을 때에도 항상 복종하여 두렵고 떨림으로 너희 구원을 이루라

[벧후2:15] 그들이 바른 길을 떠나 미혹되어 브올의 아들 발람의 길을 따르는도다 그는 불의의 삯을 사랑하다가

MEMO

3.
후반기 :
평화

7회기.
실수 가운데 성장

7회기. 실수 가운데 성장

	년 월 일
1. 심신 이완	
❶ 근육 이완(각 1분)	
측두근 → 교근 → 흉골근	
❷ 마음 이완(각 5분)	
깊은 호흡 → 손 관찰하기 → 지금 여기	
2. 집단 진행	
❶ 본문 나눔	
본문 내용 함께 읽고 인상적인 내용 나누기	
❷ 분노 적기	
– 숫자 적기 (최저 0~10 최고)	

	분노 지수		분노 내용
	분노 크기	분노 조절	
가정(숙소)			
직장(학교)			
교회(모임)			

❸ 분노 나눔
– 그 상황이 내 상황이라면 ~~
(충고 않기, 해석 않기, 판단 않기)
❹ 마무리
– 오늘 집단 소감 나누기

2차. 불안 다루기

[분노 집단 1회~8회기 모두 마무리 후 / 2차 불안 집단 진행]

		년 월 일

1. 심신 이완

❶ 근육 이완(각 1분)

   측두근 → 교근 → 흉골근

❷ 마음 이완(각 5분)

   깊은 호흡 → 손 관찰하기 → 지금 여기

2. 집단 진행

❶ 본문 나눔

   본문 내용 함께 읽고 인상적인 내용 나누기

❷ 불안 적기

   – 숫자 적기 (최저 0~10 최고)

	불안 지수		불안 내용
	불안 크기	불안 조절	
가정(숙소)			
직장(학교)			
교회(모임)			

❸ 불안 나눔

– 그 상황이 내 상황이라면 ~~

   (충고 않기, 해석 않기, 판단 않기)

❹ 마무리

   – 오늘 집단 소감 나누기

7회기 – 실수 가운데 성장

창세기는 천지창조에서 요셉으로 마무리된다. 창세기에 요셉에 대한 언급이 164회 나오는데, 37장부터 마지막 50장까지 159회(96%) 언급된다. 37장에서 50장 중 38장에서만 요셉에 대한 언급이 없다. 38장은 유다 이야기가 삽입(?)되어 있다.

유다는 실수 가운데 성장한 대표적인 사람이다. 애굽에 베냐민을 데려갈 수 있도록 야곱을 설득했던 이가 유다였다(창43:8). 요셉을 눈물 쏟게 한 것은, 베냐민을 대신하여 감옥에 가겠다는 유다의 이타적 태도였다(창44:33). 유다는 베냐민을 위해서 자신의 목숨을 내어놓았다. 요한복음 15장 13절 '사람이 친구를 위하여 자기 목숨을 버리면 이에서 더 큰 사랑이 없나니'. 예수님께서 말씀하신 '큰 사랑'을 유다가 실천했고 요나단이 실천했다(삼상20:17, 삼상23:17).

최고의 사랑의 실천은 친구를 위해서 영원한 생명(생명책)을 포기하는 것이다(요15:31). 이것이 모세의 실천이었다(출32:32). 이것이 예수님의 실천이었다. 우리에게 주시는 가장 큰 선물인 천국

(생명책)까지도 친구를 위해 내려놓을 때 그것은 최고의 희생이다. 예수님은 사흘 만에 부활할 것을 말씀하셨지만, 십자가의 고통의 순간에는 그 말씀을 기억하실 수 없으셨다. 예수님은 잠깐의 사망이 아닌, 우리의 생명을 대신해 영원한 사망을 선택하셨다.

&   **죄책감**

성령의 임재의 강력한 증거는 죄책감이다. 사단은 성령의 임재의 증거로 방언을 강조함으로써, 잘못된 구원관을 통한 죄책감에서 자유를 강조함으로 죄책감의 중요성을 간과하게 한다. 성령의 임재로 우리의 변화를 위해 하늘에서 주신 죄책감을 무시하거나 경시하는 것은 성령을 훼방하는 것이다.

유다는 죽음의 공포 가운데 떨고 있는 요셉을 살릴 의도로 노예로 팔 것을 제안했다 할지라도, 어찌 됐든 동생을 구출하지 못하고 인신매매를 주도했다는 양심의 소리를 막을 수 없었을 것이다. 죄책감의 무서움은 시간과 장소를 가리지 않는다는 것이다. 울부짖는 요셉, 공포에 떠는 요셉의 모습은 요셉에게도 정신적 외상이었지만 범죄를 저지른 현장에 있었던 형제들에게도 외상이었다(창41:21). 특히 인신매매를 주도했던 유다의 고통은 요셉을 재회하기까지 20년간 지속되었다. 유다는 아들의 죽음으로 실의에 빠져 살아가는 아버지 야곱을 차마 마주할 수 없었을 것이다.

결혼은 유다에게 하나의 도피처였다. 그러나 새로운 가정을 꾸린 유다의 삶은 너무 고단하다. 창세기 38장의 유다의 인생은 파란만장하다. 첫째 아들의 사망, 둘째 아들의 사망, 부인의 사망 등 끊임없는 불행 가운데 자신의 죄가 생각났을 것이다.

성경 곳곳에서 하나님은 잔인한 슬픔을 허락하시는 경우를 종종 보게 된다. 욥은 자녀들의 사망에 이어 가장 힘겨운 시점에 부인의 가출까지 말할 수 없는 고통을 당했다(욥1:18,19). 나오미는 남편의 사망, 두 아들의 사망으로 인생의 전부를 잃었다(룻1:3,5). 인생이 우리에게 시련을 줄 때 자비란 없다. 시련 가운데 원망이 들고 불평하는 것은 너무도 자연스러운 것이다. 그러나 자비 없는 시련이 우리에게 닥칠 때 항상 기억하자. '원망하면, 불평하면 성품은 퇴행된다'.

고난은 사람을 강퍅하게 하기도 하고 성장시키기도 한다. 고난은 죄책감을 일깨우고 또렷하게 한다. 고난은 유다를 성장시켰다. 유다는 고난을 통해 성경에서 최고로 여기는 이타적 사랑을 이루었다. 하나님께서 고난을 허락하시는 이유와 고난을 통해서 이루기를 원하시는 모습을 유다가 잘 보여주고 있다. 지금 우리에게도 고난과 죄책감을 허락하시는 이유는 같다. 야곱이 죽기 전 아들들의 미래를 예언하면서, 유다와 요셉에 대하여 가장 아름다운 축복을 한다(창49:9, 22). 요셉은 시험을 이기고 승리한 삶을 보여준다면, 유다는 실수 가운데 승리한 삶을 보여준다. 유다의 가슴 아픈 실책과 승리는 우리에게 많은 위로와 소망을 준다.

      &   **지속적인 신뢰**

    신뢰로운 피드백(코칭)과 함께 **지속적인 신뢰**(용서의 반복)는 사람 변화에 중요한 요인이다. 예수님께서 사람을 용서할 때 490번(7번을 70번까지)을 용서하라고 하신다(마18:22). 이 말씀은 **지속적인 신뢰가 사람 변화에 중요하다**는 의미이다. 또한 이 말씀은 '사람은 쉽게 변하지 않는다'는 의미가 내포되어 있다. 용서하면서 **상대가 바뀔 것이라는 기대를 하지 말라**는 의미이다. 용서하면서 상대방이 바뀔 것이라고 기대하면 지속적인 용서를 할 수가 없다. 용서를 하면서 사람의 변화를 기대하면 용서한 사람이 시험에 들게 된다. 바뀔 것이라는 기대를 내려놓고 용서했던 것을 잊고 있을 때 그때 사람은 바뀌게 된다.

[창41:21] 그들이 서로 말하되 우리가 아우의 일로 말미암아 범죄 하였도다 그가 우리에게 애걸할 때에 그 마음의 괴로움을 보고도 듣지 아니하였으므로 이 괴로움이 우리에게 임하도다

[창43:8~10] 유다가 그의 아버지 이스라엘에게 이르되 저 아이를 나와 함께 보내시면 우리가 곧 가리니 그러면 우리와 아버지와 우리 어린 아이들이 다 살고 죽지 아니하리이다 내가 그를 위하여 담보가 되오리니 아버지께서 내 손에서 그를 찾으소서 내가 만일 그를 아버지께 데려다가 아버지 앞에 두지 아니하면 내가 영원히 죄를 지리이다 우리가 지체하지 아니하였더라면 벌써 두 번 갔다 왔으리이다

[창44:33] 이제 주의 종으로 그 아이를 대신하여 머물러 있어 내 주의 종이 되게 하시고 그 아이는 그의 형제들과 함께 올려 보내소서

[창49:9,10] 유다는 사자 새끼로다 내 아들아 너는 움킨 것을 찢고 올라갔도다 그가 엎드리고 웅크림이 수사자 같고 암사자 같으니 누가 그를 범할 수 있으랴 규가 유다를 떠나지 아니하며 통치자의 지팡이가 그 발 사이에서 떠나지 아니하기를 실로가 오시기까지 이르리니 그에게 모든 백성이 복종하리로다

[창49:22] 요셉은 무성한 가지 곧 샘 곁의 무성한 가지라 그 가지가 담을 넘었도다

[출32:32] 그러나 이제 그들의 죄를 사하시옵소서 그렇지 아니하시오면 원하건대 주께서 기록하신 책에서 내 이름을 지워 버려 주옵소서

[삼상20:17] 다윗에 대한 요나단의 사랑이 그를 다시 맹세하게 하였으니 이는 자기 생명을 사랑함 같이 그를 사랑함이었더라

[삼상23:17] 곧 요나단이 그에게 이르기를 두려워하지 말라 내 아버지 사울의 손이 네게 미치지 못할 것이요 너는 이스라엘 왕이 되고 나는 네 다음이 될 것을 내 아버지 사울도 안다 하니라

[룻1:3,5] 나오미의 남편 엘리멜렉이 죽고 나오미와 그 두 아들이 남았으며~말론과 기룐 마저 죽고 나오미는 남편과 자식을 잃은 채 홀로 남게 되었다

[욥1:18,19] 그가 아직 말할 때에 또 한 사람이 와서 고하되 주인의 자녀들이 그 맏형의 집에서 식물을 먹으며 포도주를 마시더니 거친 들에서 대풍이 와서 집 네 모퉁이를 치매 그 소년들 위에 무너지므로 그들이 죽었나이다 나만 홀로 피한고로 주인께 고하러 왔나이다 한지라

[마18:22] 예수께서 이르시되 네게 이르노니 일곱 번뿐 아니라 일곱 번을 일흔 번까지라도 할지니라

[요15:13] 사람이 친구를 위하여 자기 목숨을 버리면 이보다 더 큰 사랑이 없나니

MEMO

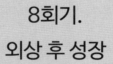

8회기.
외상 후 성장

8회기. 외상 후 성장

	년	월	일

1. 심신 이완

❶ 근육 이완(각 1분)

측두근 → 교근 → 흉골근

❷ 마음 이완(각 5분)

깊은 호흡 → 손 관찰하기 → 지금 여기

2. 집단 진행

❶ 본문 나눔

본문 내용 함께 읽고 인상적인 내용 나누기

❷ 분노 적기

– 숫자 적기 (최저 0~10 최고)

	분노 지수		분노 내용
	분노 크기	분노 조절	
가정(숙소)			
직장(학교)			
교회(모임)			

❸ 분노 나눔

– 그 상황이 내 상황이라면 ~~

(충고 않기, 해석 않기, 판단 않기)

❹ 마무리

– 오늘 집단 소감 나누기

[1회기~8회기 분노 지수 옮겨 적기 (선을 연결해 그래프 그리기)]

(1) **분노 크기 그래프** : 1회기~8회기 지수 옮겨 적기 ①가정 ②직장 ③교회

	1	2	3	4	5	6	7	8
10								
9								
8								
7								
6								
5								
4								
3								
2								
1								

(2) **분노 조절 그래프** : 1회기~8회기 지수 옮겨 적기 ①가정 ②직장 ③교회

	1	2	3	4	5	6	7	8
10								
9								
8								
7								
6								
5								
4								
3								
2								
1								

(3) **8주 곡선 그래프 보고 소감 적어보기**(변화된 점, 감사한 점)

2차. 불안 다루기

[분노 집단 1회~8회기 모두 마무리 후/2차 불안 집단 진행]

	년	월	일

1. 심신 이완

❶ 근육 이완(각 1분)

　측두근 → 교근 → 흉골근

❷ 마음 이완(각 5분)

　깊은 호흡 → 손 관찰하기 → 지금 여기

2. 집단 진행

❶ 본문 나눔

　본문 내용 함께 읽고 인상적인 내용 나누기

❷ 불안 적기

　– 숫자 적기 (최저 0~10 최고)

	불안 지수		불안 내용
	불안 크기	불안 조절	
가정(숙소)			
직장(학교)			
교회(모임)			

❸ 불안 나눔

– 그 상황이 내 상황이라면 ~~

　(충고 않기, 해석 않기, 판단 않기)

❹ 마무리

　– 오늘 집단 소감 나누기

[1회기~8회기 불안 지수 옮겨 적기 (선을 연결해 그래프 그리기)]

(1) 불안 크기 그래프 : 1회기~8회기 지수 옮겨 적기 ①가정 ②직장 ③교회

	1	2	3	4	5	6	7	8
10								
9								
8								
7								
6								
5								
4								
3								
2								
1								

(2) 불안 조절 그래프 : 1회기~8회기 지수 옮겨 적기 ①가정 ②직장 ③교회

	1	2	3	4	5	6	7	8
10								
9								
8								
7								
6								
5								
4								
3								
2								
1								

(3) 8주 곡선 그래프 보고 소감 적어보기(변화된 점, 감사한 점)

8회기 - 외상 후 성장

　　사람의 정신 건강에 대한 검증은 관계와 대화를 통해서 알 수 있다. 관계의 어려움이 있거나 소통이 안 된다면 심리적으로 건강하지 않다고 볼 수 있다. 트라우마(PTSD)는 건강했던 사람을 갑작스럽게 관계의 어려움을 갖게 한다.

　　트라우마(외상후스트레스장애)란 '죽음이나 심각한 상해에 대한 두려움을 느꼈거나, 보았거나, 심각한 상해를 입은 경험'을 의미한다. 트라우마 후 원망, 자책감, 수치심이 일어나는 것은 자연스러운 반응이다. 그러나 트라우마 후 원망하며 시간을 보낸다면 외상을 수용(소화)하지 못한 것을 의미한다. 원망(불평)하면 시야가 좁아진다. 원망하면 '넘치는 은혜'가 보이지 않는다. 원망이 지속하면 **예민성**이 성품의 일부가 된다. 외상 후유증인 **예민성(성마름, 짜증)**은 사람들과 관계를 지속하는 능력에 결함을 가져온다. 외상은 성화 과정에 막대한 충격을 줄 수 있다. 그러기에 사단은 우리의 삶과 주변에 수많은 끔찍한 사건, 사고를 일으킨다.

　　외상 후 스트레스 장애 PTSD(Post-Traumatic Stress Disorder)가

있다면 외상 후 성장 PTG(Post-Traumatic Growth)도 있다. 트라우마(PTSD)는 삶의 큰 기쁨인 관계를 손상시키나, 트라우마(PTG)는 세상을 보는 시야를 확장시키기도 한다. '트라우마는 철학자가 되게 한다'(주디스 허만, 하버드의대 정신과 교수).

& 요셉의 외상과 회복

요셉은 죽음의 외상을 경험했다(창37:18, 28). 요셉은 가장 가까운 형들에 의해, 죽음으로 내몰리고, 종으로 팔리는 엄청난 정신적 충격을 받았다. 같은 외상도 준비 없이, 갑작스럽게 당할수록 후유증은 더 커진다. 외상 겪은 후 성격이 퇴행되고 관계의 어려움이 생긴다. 요셉이 외상(고통)을 이겨 낸 비결들을 살펴보자.

첫째, 요셉이 죽음의 외상(외상 사건에 대한 이미지, 가해자에 대한 적대감 등)을 이길 수 있었던 것은, 가장 가까이에 있는 의무(일)에 집중했기 때문이다. 요셉은 종이었을 때나(창39:4), 죄수였을 때나(창39:22), 주어진 작은 일에 최선을 다했다. 요셉은 자신의 업무에 있어서 유능함을 인정받는다. 분주한 일은 자연스럽게 주변 사람들과 연결시킨다. 일을 통해 얻은 연결감과 유능감은 외상 극복에 귀한 역할을 한다. 노동은 심적 고통(외상)에 효과적인 치료제이다. 외상으로 상담실에 오면 직장 생활을 하는지, 휴직상태인지 꼭 확인한다. 직장이 없을 시에는 파트타임 일이라도 할 것을 권한다.

둘째, 더 큰 감사, 더 큰 기쁨으로 이겨 낼 수 있다. '요셉이 그의 장남의 이름을 므낫세라 하였으니 하나님이 내게 내 모든 고난과 내 **아버지의 온 집 일을 잊어버리게** 하셨다 함이요'(창41:51). '여자가 해산하게 되면 그때가 이르렀으므로 근심하나 아기를 낳으면 세상에 사람 난 **기쁨으로 말미암아** 그 고통을 다시 기억하지 아니하느니라'(요16:21). 하나님은 '넘치는 은혜'로 외상을 넘어서게 하신다(고후8:2, 고후9:8).

셋째, 요셉은 자신을 향한 하나님의 큰 그림을 이해(믿음)함으로 외상을 이겨냈다. '요셉이 그들에게 이르되 두려워하지 마소서 내가 하나님을 대신하리이까. 당신들은 나를 해하려 하였으나 하나님은 그것을 선으로 바꾸사 오늘과 같이 **많은 백성의 생명을 구원하게 하시려** 하셨나니 당신들은 두려워하지 마소서 내가 당신들과 당신들의 자녀를 기르리이다 하고 그들을 간곡한 말로 위로하였더라'(창50:19~21).

모든 사건, 사고에는 의미가 있다. 이 세상은 하나님께서 주관하시며 나에게 닥친 모든 일에는 뭔가 유익을 위한 것이다. 요셉이 총리가 되기까지에는 선한 의도를 가진 아버지 야곱의 기도와 권면만으로는 부족했다. 악한 의도를 가진 형들의 역할도 꼭 필요했다. 총리가 된 것은 선한 아버지와 악한 형들의 협력으로 이루어진 것이다. 하나님은 악마까지도 협력하여 선을 이루게 하신다 (창50:20). 하나님의 뜻을 이루는 이들은 잔인한 악마와 같은 모습으로 나타날 수 있다.

악마와 같은 잔인한 이들은 하나님의 뜻을 이루기 위해서 꼭 필요한 존재이다. 중·고등학교 시절 막말하던 새어머니 두 분, 친구들이 공부하고 있는 교실에서 나의 뺨을 때렸던 친구, 교인들 앞에서 모멸감을 주었던 담임목사님 등등, 나의 기억 속에 잔인한 이들로 자리 잡은 이들은, 내가 여기까지 오는 데 꼭 필요했던 분들이었다고 요셉의 삶은 말하고 있다.

불교는 원수를 대하는 가장 좋은 방법은 그들에게 자비와 친절을 베풀어 원수가 아닌 친구로 만드는 것이라며, 원수에 대한 태도를 변화시킨다. 성경은 원수인 형들이 있었기에 내가 큰일을 할 수 있었다며 원수에 대한 감정을 변화시킨다. 불교의 수용의 수준도 멋지나, 기독교의 수용의 수준은 감탄을 부른다.

&   **소그룹 집단**

외상 기억은 수치심과 자책감을 자연스럽게 가져온다. 특히 자녀가 사망하면, 부모들은 자연스럽게 올라온 수치심으로 인해 이런저런 모임들을 피하게 된다. 외상(트라우마)을 입게 되면 절망과

공황으로 정신이 혼미하게 되고 다리에 힘이 빠지게 된다. 아무리 훌륭한 믿음을 소유했어도 그때는 하나님을 바라보기가 어렵다. 떨리는 믿음은 누군가가 잡아주어야 한다. 누군가가 잡아서 하나님과 연결 시켜주는 역할을 해야 한다. 잡아준다는 의미는 '충고', '조언', '말씀 나눔'을 의미하지 않는다. 단지 곁에 있어 주고, 기도해 주는 것이다.

심리치료는 언어를 기반으로 하는 치료와 도구를 기반으로 하는 치료로 나눌 수 있다. 그중에서 모래 상자 치료(Sandtray Therapy)는 어린아이부터 노인까지 모두 적용이 가능하다. 특히 외상 기억을 말로 하다 보면 재외상을 입을 수 있다. 안정감 없이 외상 기억을 말하도록 압박하는 것은 상당히 위험하다. 모래 상자 치료는 외상 기억을 다루는 데 유용하다. 피규어(동물)를 통해 자신이 감당할 수 있을 만큼 감정을 간접적(안전하게)으로 표현할 수 있다. 모래 상자 장면은 한 주일 동안 명상 주제가 될 수 있다. 안전하게 외상 기억을 마주하다 보면, 외상 기억을 수용하는 데 도움을 받게 된다.

교회는 외상 경험을 이야기하고 함께 나눌 수 있는 장이 있어야 한다. 매주 한 주 동안의 경험을 나누는 소그룹(치유) 모임이 있어야 한다. 한 주 동안 경험을 나누다 보면 자연스럽게(안전하게) 자신의 외상 경험을 이야기할 수 있다. 외상 경험을 꺼내어 말하는 것 자체가 치유에 도움이 된다. 외상에 대하여 함께 기도해 주고 공감해 주면 외상 치유에 큰 힘을 얻게 된다.

소그룹 모임에 함께할 때, 명심하고 명심해야 할 것이 있다. 외상(트라우마) 충격은 의외로 1차보다 2차 충격이 더 크다. 2차 외상은 주변 사람들의 반응이다. 2차 외상을 방지하기 위해서 우리가 할 일은 입을 다무는 것이다. 우리가 입을 다물고, 외상 사건(소그룹 시간에 들은 내용)을 누군가에게 알리지만 않아도(소문만 내지 않아도), 조언(충고)만 하지 않아도, 외상을 입은 이에게 도움을 주는 것이다. 혼전 임신한 약혼자를 대하는 요셉의 처신('**드러내지 아니하고**')은 우리가 실천해야 할 귀한 덕목이다(마1:19).

& 신뢰로운 코칭

지속적인 신뢰(용서의 반복)와 함께 **신뢰로운 피드백(코칭)**은 사람 변화에 중요한 요인이다. 훌륭한 코칭(조언자)이 있었기에 훌륭한 요셉이 있게 되었다. 요셉의 승리가 아버지 야곱이 없이 가능했을까? 요셉은 아버지를 신뢰했고, 야곱의 경험과 질책을 어떤 형제들보다 즐거이 받아들였을 것이다. 사람은 노력이나 경험의 축적만으로는 성장에 한계가 있다. 성장은 앞서간 선배의 코칭(또는 훌륭한 서적의 코칭)을 통해서 가능하다.

세상에는 수많은 코칭들이 있지만 오염되고 편향된 코칭이 많다. 신뢰로운 코칭, 신뢰로운 피드백, 신뢰로운 수퍼비전, 신뢰로운 멘토의 지속적인 관여가 있을 때 우리는 변화 된다. 신뢰로운 피드백을 줄 수 있는 분과의 만남과 그러한 분을 알아볼 수 있는 눈을 갖도록 기도해야 한다.

저의 배우자는 재무실에서 근무하고 있다. 일 년에 한 번씩은 재무감사를 받는다. 감사받기 전에 많은 자료들을 감사실에 전달해야 한다. 자료를 준비하다 보면 상당한 긴장감과 시간을 투자해야 한다. 할 수만 있으면 피하고 싶을 것이다. 감사들에게 수고했다는 말도 듣지만, 부족함을 지적받으면 속상하기도 하고 부끄러울 수 있다. 그러나 감사를 받고 나면 자신의 실수를 알게 되어 업무 능력에 향상과 효율성을 갖게 된다.

심리상담도 마찬가지이다. 상담 수련을 받을 때는 재무감사를 받는 것처럼, 사전에 상담했던 자료들을 세세하게 적어(프로토콜)서 수퍼바이저에게 보낸다. 내 실력의 현주소, 민낯을 보게 된다. 수퍼비전을 받다 보면 격려도 받지만 가혹한 비평을 받을 때가 다수다. 그러한 과정은 고통스럽지만, 자신의 역량을 향상시키는 데 가장 효과적이다. 이러한 감사(수퍼비전)받는 과정이 없으면 상담실을 20년간 운영해도 상담 실력에 한계에 부딪힌다. 한계의 가장 큰 이유는 자신의 실수를 인식하지 못하기 때문이다. 그렇게 많은 경험을 하면 약점이나 실수를 알아차릴 것 같지만 놀랍게도 그렇지 않다. 상담 실력의 도약은 훌륭한 선배(수퍼바이저)의 예리한 피드백(코칭)을 통해서이다.

목회 현장도 재무감사 제도나, 심리상담 슈퍼비전 제도가 도입되어야 한다. 예수님의 슈퍼비전이 없었다면 사도 베드로도, 사도 요한도 없었을 것이다. 베드로와 요한처럼 3년 정도 슈퍼비전을 받는 시간을 갖게 되면, 30년의 목회 생활을 하는 데 큰 힘이 될 것이다. 지도하는 선배에게도 큰 기쁨이요 지도받는 후배에게는 수많은 시행착오를 단축시킬 수 있는 귀중한 기회가 될 것이다.

Reference
참고 성구

[창37:18] 요셉이 그들에게 가까이 오기 전에 그들이 요셉을 멀리서 보고 죽이기를 꾀하여

[창37:28] 그 때에 미디안 사람 상인들이 지나가고 있는지라 형들이 요셉을 구덩이에서 끌어올리고 은 이십에 그를 이스마엘 사람들에게 팔매

[창39:4] 요셉이 그의 주인에게 은혜를 입어 섬기매 그가 요셉을 가정 총무로 삼고 자기의 소유를 다 그의 손에 위탁하니

[창39:22] 간수장이 옥중 죄수를 다 요셉의 손에 맡기므로 그 제반 사무를 요셉이 처리하고

[창41:51] 요셉이 그의 장남의 이름을 므낫세라 하였으니 하나님이 내게 내 모든 고난과 내 아버지의 온 집 일을 잊어버리게 하셨다 함이

[창50:20] 당신들은 나를 해하려 하였으나 하나님은 그것을 선으로 바꾸사 오늘과 같이 많은 백성의 생명을 구원하게 하시려 하셨나니

[마1:19] 그의 남편 요셉은 의로운 사람이라 그를 드러내지 아니하고 가만히 끊고자 하여

[마18:22] 예수께서 이르시되 네게 이르노니 일곱 번뿐 아니라 일곱 번

을 일흔 번까지라도 할지니라

[고후8:2] 환난의 많은 시련 가운데서 그들의 넘치는 기쁨과 극심한 가난이 그들의 풍성한 연보를 넘치도록 하게 하였느니라

[고후9:8] 하나님이 능히 모든 은혜를 너희에게 넘치게 하시나니 이는 너희로 모든 일에 항상 모든 것이 넉넉하여 모든 착한 일을 넘치게 하게 하려 하심이라

MEMO

교회 집단상담

초판 1쇄 인쇄 2024년 08월 22일
초판 1쇄 발행 2024년 08월 30일
지은이 조이현

펴낸이 김양수
책임편집 이정은

펴낸곳 도서출판 맑은샘
출판등록 제2012-000035
주소 경기도 고양시 일산서구 중앙로 1456 서현프라자 604호
전화 031) 906-5006
팩스 031) 906-5079
홈페이지 www.booksam.kr
블로그 http://blog.naver.com/okbook1234
페이스북 facebook.com/booksam.kr
이메일 okbook1234@naver.com

ISBN 979-11-5778-660-2 (03230)